"互联网+"背景下
佛山市商事登记流程再造研究

霍颖瑜◎著

九 州 出 版 社
JIUZHOUPRESS

图书在版编目（CIP）数据

"互联网+"背景下佛山市商事登记流程再造研究 /
霍颖瑜著 . -- 北京 : 九州出版社，2022.6

ISBN 978-7-5225-0949-5

Ⅰ . ①互… Ⅱ . ①霍… Ⅲ . ①互利网络－应用－工商
企业－企业登记－登记制度－研究－佛山 Ⅳ .
① D927.653.229.191.4-39

中国版本图书馆 CIP 数据核字 (2022) 第 092319 号

"互联网+"背景下佛山市商事登记流程再造研究

作　　者	霍颖瑜 著
责任编辑	陈春玲
出版发行	九州出版社
地　　址	北京市西城区阜外大街甲 35 号 （100037）
发行电话	(010) 68992190/3/5/6
网　　址	www.jiuzhoupress.com
印　　刷	武汉市籍缘印刷厂
开　　本	710 毫米 ×1000 毫米　16 开
印　　张	11.5
字　　数	170 千字
版　　次	2022 年 6 月第 1 版
印　　次	2022 年 6 月第 1 次印刷
书　　号	ISBN 978-7-5225-0949-5
定　　价	68.00 元

前　言

　　商事登记制度是国家市场经济中的一项基础制度，不仅受社会基本经济制度和政府经济管理体制的影响，也会随着社会基本经济制度和政府经济管理体制的变化而变化。为了激发市场活力，我国早在 2014 年就启动了商事登记制度改革，佛山积极响应，并于 2014 年 3 月 1 日起贯彻落实国家政策，深入推行了商事登记制度改革，其间还提出了不少走在全国前列的改革举措。

　　近年来，互联网不仅实现了与制造业、服务业的融合，也逐渐在政府政务工作中彰显出强大的活力与生命力，"互联网＋"商事登记流程再造必然是商事登记制度改革的趋势。在此背景下，著者对佛山市商事登记流程再造进行研究，以进一步降低佛山市场准入壁垒，激发市场活力，为"大众创业、万众创新"积蓄更大力量，也为中国的其他与佛山类似的城市的商事登记改革提供借鉴和参考。

　　本书采用定性和定量相结合的方法来开展研究。首先对"互联网＋"背景下佛山市商事登记流程再造的背景、意义、研究方法等做简单介绍，并对中国商事制度改革历程、取得的成效及改革的时代意义加以分析；然后在应用政府管制理论、新公共服务理论、政务流程再造等理论的基础上，探索"互联网＋"背景下政府推进企业登记业务流程再造重要性；接着对"互联网＋"背景下佛山市商事登记业务流程的现状加以分析，并通过现场走访、问卷调查、实地办事体验等形式，在分析佛山商事登记制度改革的主要做法和成效的基础上，深入了解商事登记主体的实际体验和感受，测评佛山全市商事登记满意度以及各区商事登记满意度，找出商事登记改革的突出问题；其后借

鉴国内外商事登记流程再造的先进经验和启示；最后从"互联网+"视角下提出对佛山商事登记流程再造的优化策略。

全书共分八章，第一章是导论部分；第二章是理论基础与研究综述；第三章是"互联网"背景下佛山市商事登记业务流程的现状；第四、第五章是"互联网+"背景下佛山市商事登记服务满意度调查分析及商事主体满意度影响因素的实证分析；第六章是"互联网+"背景下佛山市商事登记业务流程问题透视；第七章是对国内外商事登记流程再造加以分析，通过比较分析，为佛山的商事登记流程再造提供借鉴；最后是第八章"互联网+"背景下佛山市登记业务流程再造策略。

本书得到佛山市市场监督管理局"佛山市商事登记服务满意度调查"项目支持，在撰写过程中得到同事及挚友钟勇教授的悉心指导和热心帮助，在此表示衷心的感谢！

由于本人水平所限，书中不足之处在所难免，敬请各位读者朋友批评指正。

目　录

第一章　导　论

一、研究背景

（一）互联网与政务服务深度融合

在数字化背景下，互联网以其强大的势头将触角伸向社会生活的各个方面。互联网已然与各行各业产生了融合，也逐渐被政府行政部门所运用。2016 年 9 月 25 日，国务院颁布了《关于加快推进"互联网＋政务服务"工作的指导意见》，2020 年底实现互联网与政府政务服务的深度融合，建成覆盖全国完善畅通的"互联网＋政务服务"体系。"互联网＋政务服务"是真正将人民群众满意不满意、高兴不高兴作为衡量政府工作成效的一项重要标准，不仅是"互联网＋"时代背景下政府服务转型升级的必然要求，这也是建设服务型政府的题中之义，更是实现政府治理体系和治理能力现代化的一项基础性的工程。由于政府服务已经插上了"互联网"的翅膀，因此传统的商事登记流程必须进行改造。政府转变服务职能、实现服务升级离不开互联网技术的支撑，同时，互联网技术也将在政务服务中彰显出更强大的生命力。

（二）信息共享是时代发展的必然趋势

共享经济是时下一种新兴的经济形态，共享单车、共享雨伞、共享充电宝等事物越来越多地进入公众视野，共享已经成为时代发展潮流。信息资源与其他社会资源的最大不同在于其边际递增特性，它天生具有易传播性、易扩散性等特性。长期以来，因为缺乏整体性布局和统一性管理，在政府信息

资源建设和信息管理过程中,多数采用多头采集、分散管理、重复存放的模式,不仅导致"信息孤岛"和"信息垄断"等问题的产生,政府的行政审批局在办理企业登记业务时,由于信息无法共享、档案资料管理困难,为政府政务制度改革和企业登记流程再造造成直接障碍,也降低了政府机关的办事效率,产生大量无效的重复性工作。

政府部门要推动行政管理体制改革、加大机构之间的整合力度,尝试建立职能协同、信息共享的大部门管理体制,增强各部门之间的合作,通过信息资源的共享和数据的交换为政府机关办理业务提供全新的思路。企业登记业务流程再造与政府信息共享存在某种程度的依存关系,企业登记业务流程再造必须以政府部门的信息共享为基础,同时业务流程再造也是共享经济条件下政府提高信息资源的利用水平的有益尝试。

(三)商事制度改革逐步深化

企业是现代社会财富的主要创造者,也是经济活动的主要参与者,能否吸引更多的民众创立企业,从而创造更多的社会财富,是各级地方政府所必须重视的。推动商事制度改革是政府转变职能的"先手棋"和简政放权的"当头炮"。企业登记制度业务流程再造是商事制度改革的重要组成部分,对于发挥市场在资源配置当中的基础性作用、降低市场准入门槛、激发企业市场发展活力,都起着十分重要的作用。党中央、国务院对于商事制度改革、打造良好的营商环境做出了一系列重要战略决策部署,为现代企业制度的建立、企业良好发展环境的创造指明了方向。

对于政府而言,推进包括企业登记业务流程再造在内的商事制度改革,可以让政府充分以企业需求为导向,进一步简政放权,发挥广大民营企业在经济发展中的活力和动力,为经济发展提供新的动力引擎,从而步入大众创业、万众创新的新时代。同时,推进商事制度改革、打造良好的营商环境,也能提升政府的公信力,树立良好的政府外在形象。对于企业而言,商事制度改革能够让企业享受到便捷、高效的政府服务,登记业务变得愈加方便、快捷。此外,由于政府审批效率大幅提升,企业避免了到现场进行核名、提交材料和领取营业执照等烦琐的业务流程。通过电子化的手段企业就可完成登记业务的办理，极大地节约了时间成本和运营成本。这极大地激发了企业的创新创业热情。

商事登记是指商事主体申请人依据商事法律法规规定的内容和流程向工商登记机关提出设立、变更或注销其商事主体资格的申请，经工商登记机关审查核准后，相关信息载入政府的工商登记系统中的法律行为。商事登记制度作为规范国家经济市场的一种制度，其在我国交易、经济信息安全等方面有着举足轻重的作用。随着中央《注册资本登记制度改革方案》的下发，商事登记制度改革在全国各地铺开。2014 年 3 月 1 日起至今，佛山贯彻落实中央关于推行商事登记制度改革的政策，其间还提出了不少走在全国前列的改革举措。

虽然商事制度改革 2013 年才被提出，但它是由行政审批改革发展而来的，早在二十年前就已经拉开了序幕。第一阶段，20 世纪 90 年代试点，以深圳市为代表的一些地方政府先行探索，取得显著成效。第二阶段，2001 年，全国正式推进，国务院办公厅发布《关于成立国务院行政审批制度改革工作领导小组的通知》和《关于取消第一批行政审批制度项目的决定》。第三阶段，2013 年，商事制度改革，新一届中央政府履职后，把加快转变政府职能、简政放权作为开门第一件事，把深化行政审批制度改革作为全面深化改革的重要抓手和突破口。第四阶段，2018 年开始深化商事制度改革，表 1-1 为 2018 年以来深化商事制度改革的大事，可见国家和省级层面都十分重视商事制度改革问题，商事制度改革逐步深化。

表 1-1　2018 年以来深化商事制度改革的大事

时间	主体	文件 / 主题	事件内容
2018.7.18	国务院常务会	国务院常务会定了两件大事。	部署持续优化营商环境，提高综合竞争力、巩固经济稳中向好；确定加快建设全国一体化在线政务服务平台的措施，以"一网通办"更加便利群众办事创业。

时间	主体	文件 / 主题	事件内容
2018.7.25	广东省人民政府	广东省人民政府关于印发广东省深化商事制度改革行动方案的通知。	创建覆盖企业准入、准营、退出全生命周期的商事制度改革新模式，重塑广东营商环境新优势，构建推动广东经济高质量发展的体制机制。
2018.7.25	国务院	国务院关于加快推进全国一体化在线政务服务平台建设的指导意见。	为深入推进"放管服"改革，全面提升政务服务规范化、便利化水平，更好为企业和群众提供全流程一体化在线服务，推动政府治理现代化，现就加快推进全国一体化在线政务服务平台建设提出以下意见。
2018.8.5	国务院	国务院办公厅关于印发全国深化"放管服"改革转变政府职能电视电话会议重点任务分工方案的通知。	党中央、国务院高度重视转变政府职能，把"放管服"改革作为全面深化改革的重要内容，持续加以推进。李克强总理在全国深化"放管服"改革转变政府职能电视电话会议上作了重要讲话，部署深化"放管服"改革，加快政府职能深刻转变，优化发展环境，最大限度激发市场活力。
2018.10.29	国务院	国务院办公厅关于聚焦企业关切进一步推动优化营商环境政策落实的通知。	目前亟须以市场主体期待和需求为导向，围绕破解企业投资生产经营中的"堵点""痛点"，加快打造市场化、法治化、国际化营商环境，增强企业发展信心和竞争力。
2018.12.19	张文献	专访：广东省市场监督管理局副局长张文献。	推进开办企业便利化改革。
2019.1.27	国务院	国务院印发《关于在市场监管领域全面推行部门联合"双随机、一公开"监管的意见》国发〔2019〕5号。	在市场监管领域全面推行"双随机、一公开"监管。为持续深化"放管服"改革，推行部门联合"双随机、一公开"监管，实现市场监管领域全覆盖。

续表

时间	主体	文件／主题	事件内容
2019.4.21	广东省人民政府	广东省人民政府办公厅关于印发广东省"数字政府"改革建设2019年工作要点的通知。	以让群众满意、企业满意、政府工作人员满意为目标，以"数据上云、服务下沉"为主线，深度聚焦、破解难题，通过数据治理拉动应用提升，推动"数字政府"改革建设向纵深发展，为奋力实现"四个走在全国前列"、当好"两个重要窗口"提供重要支撑。
2019.8.12	国务院办公厅	国务院办公厅关于印发全国深化"放管服"改革优化营商环境电视电话会议重点任务分工方案的通知。	2019年6月25日，李克强总理在全国深化"放管服"改革优化营商环境电视电话会议上发表重要讲话，部署深化"放管服"改革，加快打造市场化法治化国际化营商环境。为确保会议确定的重点任务落到实处，现制定此分工方案。
2019.10.23	李克强总理	签署国务院令，公布《优化营商环境条例》。	《优化营山环境条例》认真总结近年来我国优化营商环境的经验和做法，将实践证明行之有效、人民群众满意、市场主体支持的改革举措用法规制度固化下来，重点针对我国营商环境的突出短板和市场主体反映强烈的痛点、难点、堵点问题，对标国际先进水平，从完善体制机制的层面作出相应规定。
2019.11.27	李克强总理	主持召开国务院常务会议。	部署以实施《优化营商环境条例》为契机加快打造市场化、法治化、国际化营商环境。
2020.9.11	李克强总理	在全国深化"放管服"改革优化营商环境电视电话会议上的讲话。	总结近年来深化"放管服"改革、优化营商环境经验，部署下一阶段工作任务。

(四) 佛山的商事登记服务还有提升空间

根据广东省最新的企业开办情况报告得知，全省企业开办全流程平均时间为 0.76 工作日，而佛山企业创办全流程时间为 0.54 日，居全省第一。并且政策承诺时限和样本企业办理时间均在 1 个工作日和 0.5 个工作日以内，远低于全省 3 天承诺时限，可喜成绩的获得，是佛山市市场监督管理局几年来努力的结果，值得庆贺。此外，佛山在全省率先推出的商事主体登记自助终端、实现申请人自助打印营业执照，以及试点"证照联办"改革，都取得了市场主体的欢迎；还有"人工智能 + 双随机"新模式也获得了国办经验推广。但，改革的步伐还没有停止，对比东莞施行跨境商事登记"银证通"改革、广州和深圳推出"线上一网一界面，线下一窗一表单"改革等，努力争先的局面依然火热。而且商事登记服务没有最好，只有更好，因此佛山的商事登记服务还有提升空间。

二、研究意义

(一) 理论意义

第一，发展了行政管理理论。本书以政府管制理论、新公共服务理论、商业流程再造理论、政府再造理论为指导，以佛山为例进行企业登记业务流程再造实践，进一步丰富了行政管理理论实践内容。

第二，丰富和充实了"互联网 + 政务服务"领域的相关研究成果。"互联网 +"时代背景下，互联网在资源配置中起着优化和整合作用，本书充分考虑"互联网 +"的时代背景而展开研究，进一步丰富和充实"互联网 + 政务服务"的研究成果。

第三，为企业登记业务流程再造的研究提供了新的视角。本书从商事登记主体的角度来分析企业登记业务流程的不完善，从而提出以商事登记主体为本的更加符合市场主体需求的企业登记业务再造流程。

(二) 应用意义

一方面，进一步促进商事登记制度改革，提升社会自治能力。通过完善企业登记管理措施，简化审批流程，放宽准入限制，降低登记门槛，进一步推进行政审批制度改革和社会组织"去行政化"。此外，探索企业注册业务流程再造，对培育和发展社会组织，增强社会自主能力，充分发挥社会组织的作用，也起到了非常重要和积极的作用。

另一方面，提升企业活力，促成"大众创业、万众创新"。政府以行政审批来干预商事主体的微观经济行为和事务，是不利于释放企业发展活力、保持市场发展动力的。探索企业政务流程再造问题，清理非增值政务流程，可以降低政府的制度性行政成本，激发企业发展的活力，为"大众创业、万众创新"积存力量。

三、研究内容

本书的研究内容主要有八章：

第一章"导论"介绍了本书的研究价值、研究意义、相关的基本概念及理论，阐述了本书的主要内容、研究所采用的方法、研究思路等；重点分析了中国商事制度改革的演进过程、整体成效、时代意义等，最后从佛山的地理位置及佛山的经济特色反映佛山商事制度改革的典型性。

第二章"理论基础与研究综述"分为两个部分，一是商事登记流程的相关概念和理论，比如商事行为、商事登记制度的概念、商事登记制度的功能等内容；二是关于企业登记流程再造研究的综述。

第三章"'互联网+'背景下佛山市商事登记业务流程的现状"包含对商事登记的管理情况、线下线上商事登记身份实行实名认证具体流程及企业登记业务流程现状问题等作出的分析。

第四章"'互联网+'背景下佛山市商事登记服务满意度调查分析"通过现场走访、问卷调查、实地办事体验等方式，深入了解商事登记主体的实际经历体验和感受，测评佛山全市商事登记满意度以及各区商事登记满意度，并找出突出问题，最后结合佛山实际提出改进佛山市商事登记服务满意度的对策建议，为剖析佛山市商事登记业务流程问题打下基础。

第五章"'互联网+'背景下佛山市商事登记服务满意度的影响因素实证"

是基于提升商事登记满意度的视角，通过梳理相关理论和地域实践经验，构建商事登记满意度影响因素模型，通过设计科学合理的商事登记主体调查问卷，以佛山市禅城区和南海区为例进行实证分析，为提出佛山市商事登记业务流程再造打下基础。

第六章"'互联网+'背景下佛山市商事登记业务流程问题透视"主要从三个方面透视佛山市商事登记业务流程存在的问题，一是基于佛山市商事登记的问卷结果统计进行剖析；二是基于现场走访调研存在的主要问题；三是从亲身体验剖析线上登记过程存在的主要问题。

第七章"国内外商事登记流程（包括业务流程和系统流程）再造的比较借鉴及启示"先对国内外商事登记流程再造的典型案例进行剖析，然后借鉴国内外商事登记服务优秀的国家或城市的经验，通过对比研究分析，可以得出国内外商事登记流程再造对佛山市商事改革的启发。

第八章"'互联网+'背景下佛山市登记业务流程再造策略"先对业务流程再造的目标、业务流程再造的原则、业务流程再造的方式加以介绍，根据前文的调查和实证分析结果以及对佛山市"24小时智能商事登记系统"服务存在的问题及原因分析，结合政务流程再造的相关措施、策略，提出了具体流程再造策略。

四、研究方法

科学的研究方法不仅有助于研究过程的顺利开展，也能提高研究结果的应用性和价值。本研究广泛借鉴了公共行政学、管理学等多学科的研究成果，开展交叉研究。具体来说，我们使用了以下五种研究方法：

1. 问卷调查法。为更好地掌握佛山市市场监督管理局办理企业登记业务过程中存在的问题，深入了解公众想法，更好地优化行政服务，研究设计调查问卷，向前来办理企业登记的申请人发放，并对问卷调查结果进行统计分析，为研究提供有参考性的基础数据。

2. 对比研究法。第八章采用对比研究法，通过对国内外政务流程再造典型案例的分析，找出了国内外政府政务流程再造的共同点和不同特点，并从对比研究中得到对佛山市企业登记流程有益的启示。

3. 访谈法。通过对佛山五区行政服务中心办事商事主体进行的临时访谈及对部分企业家访谈，梳理出佛山商事主体在商事登记过程中的需求及行政服务存在的问题。

4. 实地办事体验。主要对各区所选的工商办事大厅进行实地调研，探寻商事主体们在商事登记过程中的有关硬件和软件的体验情况。此外，笔者还通过线上线下实实在在亲历商事登记整个过程，站在办事者的角度来提炼遇到的问题。

5. 个案研究法。以佛山"24 小时智能商事登记系统"为例，通过发放调查问卷收集数据分析出商事主体对"24 小时智能商事登记系统"服务的需求，并在此基础上分析该系统存在的问题及分析问题产生的原因，为优化"24 小时智能商事登记系统"提供参考。

此外，我们还对参与调研的老师和学生进行培训。对拟发放的调查资料进行整理。具体步骤为：调查问卷审核、调查问卷分析、调查问卷编码、调查问卷录入、数据净化、进行缺失值处理、加权处理、变量转换以及统计分析。对调查问卷的回收做了以下工作：与资料收集配合，掌握每天完成和接收的问卷数；记录问卷网完成日期和接收日期，以便必要时可对先接收的资料和后接收的资料进行比较；给每份问卷制作一个唯一、有顺序的识别代码，便于保存原始文件；进行资料核对、事后编码、资料录入时，须按代码准确记录谁拿着哪些原始文件；所有参与资料整理的人须保证工作的质量还得保证不丢失任何原始文件。在数据录入中，使用 SPSS 软件，在变量录入后将问卷资料一份不落地录入到相应的标栏中；一般是问卷的编号与计算机自动生成的序号相同以便今后审核、查找；采用逻辑查错，先对一些变量进行频次、频率的分析，根据分析结果来判断是否存在错误。

五、研究思路

本书以政府管制理论、新公共服务理论、商业流程再造理论、政府再造理论等为指导，首先对研究目的、意义和价值做一交代，然后理清和分析一些基本概念，然后重点分析中国商事制度改革的演进过程、整体成效、时代

意义等，突出佛山商事制度改革的典型性。接着对商事登记理论基础与已有的文献成果作出简单论述。然后对"互联网＋"背景下佛山市商事登记业务流程的现状作出分析。重点通过现场走访、问卷调查、实地办事体验等方式，深入掌握商事登记主体的实际体验和感受，测评佛山全市商事登记满意度以及各区商事登记满意度，并通过构建商事登记满意度影响因素模型，找出影响商事登记主体满意度的关键因素。然后基于问卷统计结果、现场走访调研亲身体验结果及实证分析结果等来透视"互联网＋"背景下佛山市商事登记业务流程存在的问题。最后通过对比分析得出国内外商事登记流程再造对佛山市的启示，并提出了具体流程再造策略。

六、中国商事制度的演进过程

本部分主要介绍中国商事登记的实践历程和商事登记制度的整体成效，再分析中国商事制度改革的时代意义和必要性。

（一）中国商事登记的实践历程

中国有着五千年的历史，其商业活动出现也是世界上最早的国家之一。学术界普遍认为，西周时期的"货贿用玺节"可以算是中国最早的营业执照[①]。其后相继出现了"市籍""编审"等商业制度，而这些商业制度大多是以赋税和徭役为目的的，体现了国家抑制工商业发展的味道，这与西方国家促进商业发展的制度不同。中国第一部独立的商法是清朝的《钦定大清商律》，包含《商人通例》和《公司律》[②]，内容涉及商人的界定、商业能力、经营方式、股东权利等。台湾学者张国建认为，清朝颁布的"商人通例"是中国最早的商业登记法。到了民国时期，政府模仿德日相关条文，颁布了《商业登记法》。到了计划经济时代，《公私合营暂行条例》《工商登记管理试行办法》等法规相继颁布，各类注册证书也纷纷亮相。

---

① 陈莹莹.中国商事登记制度改革现状及发展趋势探析 [D],长春:吉林大学硕士学位论文,2017.

② 陈莹莹.中国商事登记制度改革现状及发展趋势探析 [D],长春:吉林大学硕士学位论文,2017

具体来说我国商事登记制度从清光绪二十九年 (1903 年) 开始制定商事法规，自此始有近代工商企业登记管理事项。随之清政府设立工商部，中国正式进入近代工商企业登记管理时期，但还没出现正式的登记机构，到了辛亥革命后才真正出现了工商登记审批的管理机构。[①] 到了新中国成立后，由于实行的是计划经济，在那个时代，完全是强调政府干预、行政审批和政府监管职权的运用，行政权力是完全介入经济活动的，当时的商事主体都是在政府指导下的运作的，不能够自主经营、不能自负盈亏，甚至不能自主选择人员，因为连人员都是计划安排好的，因此登记机构作用不大。直到 1978 年的十一届三中全会，党中央作出了改革开放的历史性决策后，也即改革开放后，计划经济的垄断地位被打破，民企应运而生，与企业登记相关的法律法规相继出台，登记材料也逐渐规范。改革开放后，中国的商事登记实践主要经历了三个时期，即改革开放初期、建立社会主义市场经济体制时期和完善社会主义市场经济体制时期。

1. 改革开放初期

1979 年 6 月，国家工商行政管理总局与有关部门联合发布了《关于特种行业企业进行登记管理的通知》，标志着中国企业注册管理合法化和规范化的开始。1981 年国务院发布了 107 号文件，文件中提到允许农村农民进城务工经商。1982 年，国务院出台了《城乡个体工商户管理条例》，允许个体户经商，各级工商局积极出台配套措施帮助个体工商户进行注册登记。 1982 年《工商企业登记管理条例》的颁布意义重大，它是中华人民共和国成立后第一部相对完整的、系统的关于企业登记管理的行政法规。 其后，1987 年颁布了《城乡个体工商户管理暂行条例》，1988 年颁布了《企业法人登记管理条例》，尽管条例内容经过多次修订，这些条例现在仍然是我国商业登记的重要依据。为了加强对企业名称的管理，1991 年，国家工商行政管理总局发布了《企业名称登记管理规定》，这是关于企业登记单一事由管理的第一部行政法规，可见当时的重视程度。

2. 建立社会主义市场经济体制时期

中国共产党第十四次全国代表大会提出设立社会主义市场经济体制的建

---

① 陈晓雪.珠海市商事登记改革研究 [D].广州:中共广东省委党校硕士学位论文,2014.

议，国家工商行政管理总局在 1993 年提出的主要工作重点是："要逐步由审批设立制度向依法独立核准登记制度过渡，由一些经营实体尚未实行登记向全行业登记过渡，由不同登记对象实行不同登记管理向统一登记管理过渡。"其中提出了企业登记的前置审批制度，但适用对象仅限于计划经济转型期间全民所有制和集体所有制企业。1993 年，《公司法》出台，其中对公司注册进行规范，实际支付、验资、批准的最低注册资本限额等，应当在公司注册之前办理，明确了步骤和其他内容。其后，国务院先后制定发布了 10 多部规章，其中包括《公司登记管理条例》《注册资本登记管理规定》等。到了 2001 年，国家工商行政管理总局发布了《关于加强企业登记审查工作的通知》，首次明确提出了注册审查责任制。

3. 完善社会主义市场经济体制时期

在社会主义市场经济体制时期，我国商事登记的改革步伐更快。2003 年《关于对企业实行信用分类监管的意见》中提出 A、B、C、D 四级信用分类，主要内容包括市场准入、经营行为和市场退出等。2004 年国家工商行政管理总局发布了《行政许可法》，标志着中国许可审批从政策管理向法律管理的转变，并对企业注册程序和业务范围注册管理进行修订，内容更为完善和规范。其后国家工商行政管理总局在 2005、2006、2007、2011 年分别发布了《个体工商户分层分类登记管理办法》《企业年度检办法》和《关于促进和加强企业登记管理工作的意见》。自 2013 年起，通过注册资本登记制度改革、先照后证登记制度改革、三证合一、年报公示制度等一系列改革，逐步理顺了我国长期以来脱胎于计划经济体制、带有浓厚的计划经济色彩、阻碍了市场经济的顺畅运行的旧制度，激发了市场活力。2014 年商事登记的改革动作较大，内容包括在全国推行年度报告制，推行电子营业执照和全程电子化登记管理、注册资本认缴登记制等。2017 年商事制度改革效应持续释放，新设企业保持旺盛增长势头，成为推动大众创业、万众创新的重要动力，同时也出现了众创空间、创客工场以及"互联网+"等新产业、新业态、新模式的蓬勃发展，这些都为我国经济转型升级注入了新的活力。其后，国家继续推行先照后证、"三证合一""两证整合"以及企业简易注销等改革。

（二）中国商事登记制度整体成效

1.2014 年以来商事登记制度改革情况

从上述中国商事登记的实践历程，我们得知社会主义市场经济体制时期的改革动作最大，特别以 2014 年后尤甚。其中 2014 年商事登记改革主要体现在：第一，注册资本从过去的实际缴付出资变成了认缴制，同时取消了注册资金最低限额、经营场所限制等规定。第二，新版营业执照全国统一，改变过去因市场主体不同执照不同的情况。第三，实行"先照后证"，允许商事主体只要获得工商部门颁发的营业执照，就可以从事一般性的生产经营活动；其他生产活动如需要许可证的再另外向主管部门申请，并且在等待期里，可以开展一些筹备工作；此外，工商总局对目录进行更新，取消行政审批事项、将前置审批事项改为后置审批事项的一律按相关的法律法规执行。第四，企业年度验照制度改为年度报告制度，并且企业信用信息公示系统公开免费让公众查询企业信息。第五，为了改革的顺利进行，国家工商行政管理总局公布《企业公示信息抽查暂行办法》《企业经营异常名录管理暂行办法》《农民专业合作社年度报告公示暂行办法》《个体工商户年度报告暂行办法》和《工商行政管理行政处罚信息公示暂行规定》等多部规章。

2015 年的改革举措包括发布《关于取消和调整一批行政审批项目等事项的决定》，仅仅保留 34 项工商登记前置审批事项，90 项行政审批项目中部分取消部分下放。"三证合一，一照一码"登记模式也于 2015 年 10 月 1 日起正式实施。《关于"先照后证"改革后加强事中事后监管的意见》中也明确了监管部门和监管职责的"先照后证"改革相关审批项目。"五证合一"于 2016 年 10 月 1 日起全面实施，其后又实施了个体工商户的"两证整合"，及电子营业执照与纸质版营业执照同等效力以及实施商事登记全程电子化试点。企业简易注销登记改革也于 2017 年 3 月 1 日起全面实施，以此缩短市场主体退出周期，降低退出成本，提高登记效率。

2.2014 年以来市场主体数量发展情况

商事登记制度改革成效主要体现在新增市场主体的数量、注册资本、实有市场主体等方面，市场主体的规模、结构等都是经济发展水平的重要标志之一。

2014—2016 年商事登记制度改革动作大，成效突出，其中"先照后证"改革简化了企业登记注册手续和环节，通过降低市场准入条件和创业成本，帮助企业改善成长阶段容易造成"夭折"的外部环境。从 2014—2016 年三年的企业数据来看，通过实施注册资本认缴制、企业年报、企业信用信息公示等一系列改革举措，期末实有企业数量、新增企业数量、注册资本等都呈现快速增长的势头。企业信用信息公示网的访问量和应用率大幅上升，对失信企业的约束限制范围逐步扩大，部门间信息共享程度逐步深化。具体分析如下：

图1-1　2011年至2016年全国实有企业数量发展情况

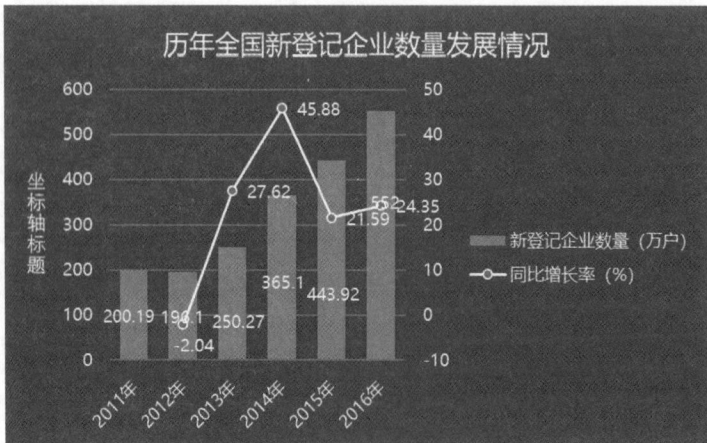

图1-2　2011年至2016年全国新登记企业数量发展情况

图 1-1 和图 1-2 展示的是 2011 年至 2016 年年底六年间全国实有企业数和全国新登记企业数。其中，2014 年实有企业数为 1819.28 万户，增速为 19.08%；2014 年新增企业市场主体为 365.1 万户，增速为 27.62；2014 年总的市场主体 6932.22 万户，比上年年底增长 14.35%，注册资本（金）129.23 万亿元，增长 27.70%；10.88 万户企业公示了 2014 年年度报告，企业年报公示率为 85.1%，比改革前的 2013 年 43.15% 公示率快高出了一倍。[①]

从图 1-1 和图 1-2 可看出，2015 年实有企业数为万户 2185.82 万户，增速为 19.08%；2015 年新增企业市场主体为万户 443.92 万户，增速为 45.88%；2015 年全国实有各类市场主体 7746.9 万户，比上年增长 11.8%，注册资本（金）175.5 万亿元，增长 35.8%；全年市场主体注吊销 635.4 万户，比上年增长 61.6%。核发"三证合一、一照一码"新营业执照 350.9 万张。通过"双随机"方式抽查并公式企业 17.6 万户的情况，不定向抽查了 44 万户，发现 304.5 万户市场主体存在异常情况。通过企业信用信息共享机制，把 139.5 万名"老赖"归入企业任职限制"黑名单"。从以上数据发现，商事登记改革成效异常显著。

从图 1-1 和图 1-2 可看出，2016 年实有企业数为 2596.1 万户，增速为 20.15%；2016 年新增企业市场主体为 552 万户，增速为 24.35%；实有各类市场主体 8705.4 万户，比上年增长 12.37%；有 774.7 万户企业通过企业信用信息公示系统公示了 1751.5 万条即时信息，分别是上年同期的 2.20 倍和 2.17 倍。国家企业信用信息公示系统日均访问量达 6244.6 万人次，日均查询量 3128.4 万人次，分别是上年的 2.82 倍和 3.06 倍，累计访问量达 319 亿人次，累计查询量 157.7 亿人次。调整更新工商登记前置审批事项 37 项，变更、注销登记前置审批 30 项。[②]

综上所述，2014 年至 2016 年，我国商事登记制度改革力度很大，改革的思路清晰，具体措施可行，推进速度快，切实降低了企业注册门槛、简化了企业登记手续、精简了企业审批事项，大幅度降低了创业者的投资成本，激发了创业者的创业热情，效果显著。商事主体的满意度也大大提升，2015 年

[①]　陈莹莹.中国商事登记制度改革现状及发展趋势探析文库 [D].长春:吉林大学硕士学位论文，2017.

[②]　陈莹莹.中国商事登记制度改革现状及发展趋势探析文库 [D].长春:吉林大学硕士学位论文，2017.

正面评价占比 88.0%，其中对"两证整合"的满意度更是高达 98.79%，改革不仅在企业层面，更是延伸到了个体工商户层面。企业名称自主申报制度、"五证合一"、企业登记全程电子化等改革举措的商事主体满意度分别为高达 97.65%、94.35% 和 96.23%，商事主体真切感受到了改革的红利。2016 年商事主体对"全国一张网"建设、公用企业限制竞争监管、"双随机一公开"监管方式创新等商事主体的正面评价占比分别为 93.2%、88.2%、86.5%。尤其让商事主体拍手称快的举措是降低注册难度和缩短注册时间，商事主体真正享受到了创业程序的简化、设立门槛的降低、政务服务优化等方面带来的便利，办理业务不再动辄需要携带一摞证照，不用再遭受排队等候、多个部门间往返、申请材料多次提交等困窘。商事登记制度改革真正实现了更彻底的放权、更精准的服务和更严格的监管，破除了束缚发展的体制机制障碍，简政放权持续加码，市场主体活力更为有效。这些改革措施也大大提升了我国的营商环境，使得我国的营商环境世界排位从 2014 年的第 96 位跃升至 2016 年的第 84 位，成效非常显著，无论是国家、媒体还是商事主体大众都给予了高度评价，当然，我国营商环境尽管已经排第 84 位，但仍然有很大的提升空间。

3.2014 年以来商事制度改革的整体成效

目前，我国商事制度改革取得了显著成效。从国内市场看，能有效激发国内商事主体活力，改革深入到生产、分配、流通和消费等各环节，在一定程度上促进国内大循环畅通发展；从国际市场看，由于营商环境的改善，在很大程度上吸引了来自全世界的商事主体前来投资，并有效吸纳来自全球的资源要素，在某种程度上促进了国内国际市场双循环的良好运作。具体来看，我国商事制度改革在四方面取得显著成效。

第一，营商环境得到持续改善。

通过商事制度改革，我国的营商环境得到了较大改善，国际竞争力和影响力都有了较大提升。在 2013 年商事制度改革前，我国的营商环境排在全球第 65 位，到了 2020 年跃升到第 31 位，在亚洲仅次于日本。表 1-2 为我国商事制度改革前后的营商环境排位情况。

表1-2　我国商事制度改革前后的营商环境排位情况

序号	指标	商事制度改革前排位	商事制度改革后排位	排名跃升
1	开办企业	151	27	+124
2	办理施工许可	181	33	+148
3	获得电力	114	12	+102
4	财产登记	44	28	+16
5	跨境贸易	68	56	+12
6	纳税	122	105	+ 17
7	执行合同	19	5	+ 14
8	保护投资者	100	28	+72
9	办理破产	82	51	+31
10	获得信贷	——	——	有待优化
11	整体排名	96	31	+65

注：数据来自《2020年营商环境报告》

从表1-2可知，开办企业指标排名从151位提升至全球第27位，跃升了124位，主要通过建立"企业开办一窗通"平台，线下配合推出企业开办服务专窗，实现营业执照、公章、发票等一窗同时发放等措施来实现。办理施工许可指标，从第181位提升至全球第33位，跃升了147位，主要通过线上建立以工程建设项目联审平台为核心的一体化办事系统，线下设立社会投资建设项目审批审查中心，实行一口受理。其他指标如获得电力指标跃升了102位、财产登记指标跃升了16位、跨境贸易指标跃升了12位、纳税指标跃升了17位、执行合同指标跃升了14位、保护投资者指标跃升了72位、办理破产指标跃升了31位。在获得信贷指标方面，我国也在努力优化中，比如逐步放宽银行、证券、保险行业外资股比限制，放宽外资金融机构设立限制，加快保险行业开放进程，逐渐提升商事主体获得信贷的能力，但整体排位还有待提升。从所有的指标统计来看，我国的营商环境排名整体跃升了65位，成绩显著。

第二，民众创业创新热情持续高涨。

根据有关数据得知，我国在商事制度改革前后数据变化较大，2020年7月底，全国登记注册的市场主体已经达到了1.32亿户，其中企业数量为

4110.9 万户，与 2013 年商事制度改革前相比，分别增加 7700 万户和 2744.3 万户，分别增长了 140% 和 201%。可见商事制度改革以来民众创业创新热情持续高涨，新设市场主体屡创新高，大量个体私营企业快速发展。商事制度改革的主要变化在于：企业开办便利度极大提高，开办时间极大缩短；简化经营场所登记；企业登记全程电子化，网上办理领取电子营业证照制度；企业年检改年报，极大提升了企业开办便利度；实施"先照后证""证照分离"的便利措施，大大激发了市场主体活力。

第三，产业结构调整与新兴业态发展并进。

商事制度改革，推动了新产业新业态的持续较快发展，为新旧动能转换和经济转型升级提供了重要动力。商事制度改革，推动了创业创新，激发了企业活力。2013 年，我国三大产业构成比为 8.9 ：44.2 ：46.9，到了 2019 年年底，我国三大产业构成比为 7.1 ：39 ：53.9，第三产业已远超第一、第二产业，我国经济进入由工业主导向服务业主导转变。三大产业结构比例调整，第三产业占比稳步增加，商事制度改革作用显著。[①] 此外，第三产业内部结构也更加优化，第三产业中，新兴服务业、以高新技术企业、"互联网+"等为依托的各类创新性经营模式逐步向各行各业渗透，网络贸易、共享空间、科技文化创意、短视频行业、直播带货等新兴产业和新生经济业态也不断涌现，促进了我国行业门类的丰富，也更好地满足了人民群众对美好生活的需要。

第四，就业有效扩大，税收不断增加。

由于商事制度改革成效显著，从而大大促进了我国产业结构调整和新兴业态的发展，尤其是第三产业得到了迅猛发展，第三产业市场主体数量的大量涌现、规模的不断扩大，使得其在整个经济中的比重持续上升，结构也日趋优化，极大地带动了经济增长和人员就业。此外，商事制度改革，促进了市场主体的迅速增加，新办税务登记业户也随之增加，税源数量快速增长。同时，新兴业户的快速增长呈现出新增税源由民营经济主导的特征，其对地方税收贡献也有较大提升。总之，商事制度改革，有效扩大了就业、增加了税收，为我国经济发展做出了突出贡献。

---

① 湾区经济: 粤港澳大湾区的产业状况_城市群,https://www.sohu.com/a/341157320_488166

(三) 中国商事制度改革的时代意义

商事制度深化改革是在党的十八届三中全会提出的，是营商环境得以优化、保障经济高质量发展的重要举措，也是推进我国治理体系和治理能力走向现代化发展的重要一环。商事制度改革是新形势下的重大举措，与时代经济发展同步发展，极具时代意义。

1. 提升营商环境

营商环境最早是在 20 世纪七八十年代提出的，经过世界各国的改革实践，普遍认为营商环境是指市场主体在准入、生产经营、退出等过程中涉及的政务环境、市场环境、法治环境、人文环境等有关外部因素和条件的总和。世界银行为了衡量世界各国的营商环境，设计了一套测量指标，通过指标分数的高低来衡量企业营商环境的好坏。世界银行从 2003 年开始，一般每年都出一个《营商环境报告》，还会对各国和地区进行排名。根据相关统计数据得知，当前企业营商环境指标排名靠前的国家和地区大部分是发达国家和地区。因为大部分物质环境在短期内无法更改，所以通常意义上的营商环境多指软环境，软环境包含了物质环境之外的其他因素总和，则也可被称为制度环境。因此，营商环境建设需要以法治思维构建制度体系，其在一定程度上也是指以营商环境指标为导向而改善企业发展环境的各种措施的统称。

另一方面，从某种意义上看，营商环境也是一种由政府提供的特殊公共产品，即政府的管制环境。通过政府用公权力对微观经济主体展开调整和约束，是政府治理能力的外在表现。因此，我们国家开展商事制度改革，有利于政府职能转变与企业成本降低，能促进审批事项的简便性，还能推动营商环境的法治化。因此，营商环境改革完善，不仅能提升政府履职水平，又能够规范市场经济秩序。便捷、高效的商事制度必然推进政府管理的优化与社会经济的发展。

2. 进一步明晰政府与市场的关系

国外政府和市场的关系，也是经历了从控制理念到服务理念转变的过程，在第三次科技革命的背景下，西方发达国家掀起了"新公共管理"运动，从

而把商事制度改革从管制转变为"以人民为中心"，把原来作为公法性质的理念即迫使政府对商事行为的规范具有强制性的状态改变过来，降低商事制度功能的偏离度，减少出现"该管的没有管""不该管的管了"的尴尬局面，从而保障政府与市场之间不错位、不缺位，也能平衡好政府和市场之间的效率与安全、成本与收益；促进市场机制创新，增强经济发展内生动力。

英国经济学家哈耶克就认为，任何一个工业化社会都不可能是完全自由的，市场也如此，因此政府的管制必然存在，政府对社会的统筹调控是一国经济和社会的必然组成部分。政府与市场之间的关系始终是一个历久弥新的话题。改革开放以前，我国政府对市场的干预力度过大，导致我国经济发展缓慢；改革开放以后，我国政府逐渐降低对市场的干预，在充分尊重市场规律的基础上充分发挥政府的作用，既让市场快速发展又不让市场失控，这是我国步入法治发达的市场经济国家的基本要素。我国商事制度不断深化推进，宽进严管的治理机制强化了事中事后的行政监管，打造出公正自由的市场经营主体制度，大大加快了我国社会主义市场经济法治化与民主化的发展进程。

3. 推进国家治理体系完善

我国经过了四十年的改革开放，经济发展进入新常态，人民的素质也大大提升，国家的工作重心与管理职能也发生了变化，政府管理职权需要与社会经济发展相适应，需要被重新界定，法治观念深入人心，而要成为一个法治国家，则必须拥有法治的政府、法治的市场和法治社会，所以推进商事制度改革，是完善法治市场的重要一环，也是推进国家治理体系和治理能力现代化至关重要的方面。

社会主义市场经济需要政府与自由市场共同发挥作用，而法治能使政府的规制与监管逐步优化，减少武断人为的不合理存在。市场主体的进入和退出都应该自由，但是也必须得有政府的监管，所以商事制度改革宽进与严管两手都重要，是良好商事环境的表现，这项改革成果不仅提升了国家治理体系的现代化，还大大提升了贸易、投资与要素资源取得的便利化和低成本化，在新时代和新常态背景下意义重大。

七、佛山社会经济概况

(一)佛山地理位置

佛山位于广东省中部,位置并不十分耀眼,但也是地处珠三角腹地,离港澳不远,东边接壤广州,南邻中山和江门,西接肇庆,北通清远。地理位置虽比较好,但佛山的地理位置远远没有南边的中山优越。中山地处珠江出海口,东边是深圳和香港,中山港至香港51海里,西南接壤珠海,澳门黏附在东南端,可以说是珠三角中地理位置极好的一个。经济发展方面,佛山是全国第17个、广东省第3个经济总量超万亿元的城市,2020年实现地区生产总值10816.47亿元,人均地区生产总值114156.79元;而中山2020年实现地区生产总值为3151.59亿元,人均地区生产总值71477.62元。[①] 两相比较,佛山的地理位置只能说是较好,但佛山的经济发展却远远优胜于中山。

图1-1 佛山地理位置(来源网络)

佛山明清时就成了中国四大名镇之一,因而文化底蕴深厚,同时佛山也是全省或全国范围内的经济重镇,主要表现在于:企业相对集中,工业门类相对齐全,轻工业尤为发达。久而久之,佛山形成了五大支柱产业(具体为纺织、家用电器、陶瓷、电子、塑料);此外,食品、化工、五金、印刷、建材、

———————
① 2021年广东统计年鉴。

皮革、制药、造纸、铸造和机械等行业基础也相当不错。佛山还集许多美誉于一身：陶艺之乡、武术之乡、美食之乡、粤剧之乡、岭南成药之乡、狮艺之乡、国家历史文化名城。

当前，佛山下辖五个区（禅城、南海、顺德、高明和三水）。全市国土总面积为3797.72平方公里，常住人口为765.67万人，其中户籍人口为419.59[①]万人。祖籍佛山的华侨、华人接近80万人，佛山成了比较著名的侨乡。[②] 佛山是"广佛同城""珠江—西江经济带""广佛肇经济圈"的重要组成部分，同时佛山还是全国先进制造业基地和广东重要的制造业中心，经济体量长期处于广东老三的地位，紧跟深圳和广州的步伐。

（二）佛山经济特色

佛山是中国293个地级市中的普通一员，但是经过了40年的发展，佛山从一个不知名的农业地区蜕变成了一个现代工业化的中心城市，拥有上万家直接参与全球供应链的民营企业。佛山的特色主要表现在：

第一，制造业主导的制造大市。改革开放以来，我国经济发展历经了四十年发展历程，佛山一直坚持以制造业为主导，第二产业比重一直维持在60%左右，有些区甚至高达70%；经过了40年的发展与积累，佛山的制造业发展较好，已经形成了以家电、家具、陶瓷等为主的支柱产业，这为佛山在新一轮的经济发展中脱颖而出奠定了基础。佛山的工业体系非常完备，几乎涵盖所有的制造行业（家具、家电、陶瓷、机械装备、光电、新材料、金属加工等传统行业优势突出，生物制药、机器人、新能源汽车等也不甘落后）。当前佛山正朝着制造业一线城市的目标努力，政府各部门正在谋划把智能装备及机器人、新能源汽车、智能家电等产业打造成世界级的先进制造业集群。

第二，本土经济后劲强大。改革开放初期，广东的各个城市基本都是从三来一补开始，外向型经济特征明显，但后来就发生了分化；佛山转为以本土民营经济为主的模式；当然本土民营经济模式的经济效应不是立竿见影的，

---

① 佛山市人民政府门户网站，http://www.foshan.gov.cn/

② 马慧.佛山市GSM无线网络优化[D].北京：北京邮电大学硕士学位论文，2012.

反倒是需要漫长的培育期，但好处是基础扎实，为佛山经济的可持续性和稳健性打下了基础。可以说本土经济发达，才是佛山真正后劲强大的原因所在；佛山因此逐步建立了门类齐全、产业链相对完整的产业体系，也顺理成章地发展成为陶瓷之都、木工之都、家电之都。

第三，民营制造经济造血功能依然强劲。广东是中国民营经济的发源地，而佛山的民营经济，又是广东的发动机，十分强劲，当前民营市场主体约占所有市场主体的83%，有51.25万户，对全佛山的工业增长率贡献超过80%。[①]佛山的民营经济不仅对佛山的经济具有强大的造血功能，还很好地解决了就业问题，当然，与此同时佛山的民营经济也孕育了一大批杰出的企业家阶层。

第四，制造产业集群非常明显。佛山因为有大量的产业集群分布在各个镇街上，由此形成了一个错落有致但没有中心商业区的产业城市，其产业集群是按区域来进行划分的，就是不同的镇街其主要产业是不同的。从大区来看，各区域产业优势分工明显，产业协作和集聚能力强。比如禅城的产业等级相对高端，其中服务业比重为32.6%，先进制造业比重为12.5%。南海的先进制造业比重为19.5%，有10个行业产值超200亿元，具体为通用设备制造业、非金属矿物制品业、废弃资源综合利用业、有色金属冶炼和压延加工业、金属制品业、橡胶和塑料制品业、汽车制造业（未包括一汽－大众）、计算机通信和其他电子设备制造业、电气机械和器材制造业、家具制造业。顺德目前有八大支柱产业，具体是家具制造业、家用电器制造业、印刷包装业、机械装备制造业、电子通信制造业、精细化工制造业、医药保健制造业、纺织服装制造业，这八大支柱产业2017年的产业增加值超过10%。总的来说，五区未来的发展方向各具特色，侧重有所不同；比如禅城区的发展重点是信息产业；顺德区的发展重点是家电、装备制造业和机器人产业；南海区的发展重点是智能制造、新能源汽车、数字经济产业和电子信息产业；三水区的发展重点是大数据信息相关产业；高明区的发展重点是旅游业、商务服务业、现

---

① 解读未来制造：佛山模式有四大特色，https://gongkong.ofweek.com/2015-09/ART-310005-847.

代物流业。具体到各区内部各镇街也是按产业专业化划分的,这是非常独特的,极少有城市是像佛山有如此产业集群的。比如南海各镇街的主导产业大体如下:大沥(铝材、有色金属、区域性商贸物流中心);西樵(纺织面料);大沥(内衣、玩具);平洲(制鞋);罗村(皮革);丹灶镇的金沙(日用五金);里水(袜子);官窑(玩具);桂城(第三产业,打造广佛 RBD);九江(制罐、皮衣)。还有比如顺德,顺德的镇街产业特色明显而且影响很大,其各自的主导产业大体如下:大良主要发展第三产业为主;容桂(家电为主,主要代表有如科龙、容声、华宝、格兰仕、万和、日本松下等);伦教则主要发展珠宝产业和木工机械为主;陈村(花卉、压力机械);北滘(家电);龙江主要发展纺织制衣、塑料、饮料等;乐从主要发展钢材和家具;勒流主要发展重型机械加工业和小五金小家电行业;杏坛主要发展塑料、饲料、食品、纺织印染;均安主要以服装和化工涂料为主。

第二章 理论基础与研究综述

一、商事登记流程的相关概念及理论

（一）商事行为

到目前为止，商事行为的定义还存在分歧，学者们的意见仍不统一。有的研究者认为商事行为是市场主体在本人意愿的主导以及法律的约束下所进行的营利性活动；有的研究者则认为商事行为主要是指商事主体的设立和变更，商事权利和义务的终止等一系列法律层面上的行为的集合；本书则认为商事行为是一种以营利为导向的一般经营行为，当然得以遵守法律法规为前提。

（二）商事登记基本理论

1.商事登记制度的概念界定

商事登记具体是指在当事人提出开办企业的申请后，当地工商行政部门依法将其以法定登记事项的形式记录于商事登记簿中的过程。换句话说，就是市场主体通过依法登记，在市场中取得合法的主体身份，从而获得从事商事经营活动的入场券，同时拥有相应的权利和义务的过程。依照当今的商事制度规则，市场主体资格和营业资格是相互独立的，主体想要从事多个领域的经营，就要向不同行业的行政主管部门或者是政府授权的部门进行经营资格的申请；而经营范围则分为两类，许可经营项目和一般经营项目。而对商事登记制度的法律性质的观点也还存在分歧，主要存在两派观点，一派认为

应该属于行政许可，即认为商事主体只有通过商事登记才可获得商事主体资格，而这个过程的本质就是政府赋予商事主体权利；另一派则认为属于行政确认，这个观点主要是认为公民天然具备从事各类商业贸易、商业投资等活动的资格和权利，商事登记过程仅仅是一个确认过程。

2. 商事登记制度的概念及功能

商事登记制度包含私法和公法两种法律制度。在私法方面，虽然商事登记首先表现为个人意思的表达，但经过了国家登记机关审批后，就与国家形成了行为资格的关系，在一定程度上产生公信效果，也会涉及第三人。在公法方面，商事登记对国家的经济管理、金融、税收、卫生等社会管理职能都有重要影响力。传统上，一般认为我国商事登记的目的是便于国家对商事主体的监督管理，便于国家对国民经济的统计，便于国家对经济的宏观调控，便于国家向社会大众提供该商事主体登记事项的咨询服务等。但其实，商事登记的主要目的就是确认商事主体身份，方便国家对商事主体基本信息进行维护及确保经济交易的安全性。当前，总的来说，商事登记制度主要有三个重要的功能：一是明确当事方合法地位，维护商事主体的合法利益；二是降低交易成本，保护社会的经济秩序；三是有利于国家实施相应的宏观调控政策。

3. 商事登记制度主要内容

我国的商事登记的主要内容有四方面：一是设立登记，主要是指向有关政府机关申请行政许可，取得企业的营业资格，也就是申请获得营业执照的过程；二是变更登记，指企业根据自身的业务要求、发展实际，申请变更企业的公司名称、注册资本、企业住所、经营范围、股东、高级管理人员等登记信息；三是备案登记，其特点是营业执照登载的信息不变，主要是指企业按照自身的生产经营需要，对公司章程、监事会成员、财务经理进行变更，以及企业进行注销和进行清算之前向工商部门的备案；四是注销登记，是指由于企业经营不善或不愿意继续经营，从而向登记机关申请注销的过程；过去注销登记过程相对麻烦，经过了商事制度改革后，注销过程变得便捷。

（三）商事登记制度的相关理论基础

当前学术界与商事登记制度的相关理论基础比较多，本书主要涉及政府管制理论、新公共服务理论、商业流程再造理论和政府再造理论，下面加以介绍。

1. 政府管制理论

美国的国家政府现代化管制出现的标志是1787年洲际商务委员会的成立，虽然政府管理在美国出现得比较早，但是长期得不到相应的重视，直到1920年代和1930年代美国金融危机的爆发，政府控制才得以被足够重视；当时由罗斯福颁布的政府管制新政影响尤为深远。罗斯福颁布的具体管制范围涉及社会福利、农业、工业和金融等方方面面。那么，为何会出现政府管制呢？最原始的推动力就是市场的失灵，也就是市场自我规制的失衡性。市场有其自身的缺点，所以它不能有效地分配各种资源，而这些缺点需要政府监管来弥补，而恰恰政府管制能在一定程度上改善市场体系的外部性、信息不对称和垄断等固有缺陷。通过政府监管市场，能帮助企业更为有效更为公正地分配资源。

根据有关资料记载，政府管制最早应用在经济领域。著名经济学家斯蒂格勒把政府控制的有效范围从经济领域扩展到所有的私人和公共关系领域。世界各国对政府规制的必要性是一致的，但具体的观点仍然存在分歧。比如丹尼尔认为监管是国家行政机构实施的一种特殊方法或法律法规，其目的是纠正市场资源的分配或间接改善客户和公司的供需决策。日本经济学家植草益则认为政府管制是政府根据某些规则和法规纠正和限制公司行为的一种手段。而我国著名的学者余晖则认为管制是国家机关的行政部门用来调控失灵的市场，将法律规定作为依照，它们以法律规定为基础，并使用裁决、命令、规章、法规、法律和其他方法直接干预或控制经济实体（主要是公司）的灰色市场交易行为 [1]。虽然各国学者对政府管制的看法不同，但是也存在一些相似之处，比如政府控制是按照有关法律规定实施的行政管理方式；政府的管

---

[1]　徐晖.政府管理制理论研究文献综述[J].甘肃理论学刊，2010,197（1）：117-120

制可以弥补和纠正市场体系本身的缺点和弊端；政府监管的目的是促进市场的平稳运行；政府的管制能够干预资源分配，弥补市场缺陷，并促进市场经济的正常运行，最终实现最优的社会效益。

与国家宏观调控相比，政府管制是国家机构干预市场经济的另一种方法。内容范围更为宽泛，涉及进入和退出管控、价格管控、质量品质管控、环境管控、信息管控等[①]。一般来说如果任何个人或组织根据法律程序和法规提出申请，便可以成为市场运作的法律主体，企业在领取营业执照后，即可展开企业的正常经营活动。在正常经营活动期间，在质量、价格、环境、信息等各方面将会受到政府的管制。根据简化行政管理和下放权力的规定，总的来说，政府管制的事项会下放或取消，使管制更加高效便捷。

2. 新公共服务理论

新的公共服务理论是在 21 世纪初由美国公共行政科学家登哈特和他的妻子提出的，是在政治民主化和经济全球化的逐步蔓延的背景下以及公共权力下放的基础上提出的。新的公共服务理论是与传统的公共管理理论相结合的特有产物，并在传统的公共管理理论的基础上的创新发展。新的公共管理理论对"经济人"进行了假设，并定义了社会经济和其他公共事务中公民与政府之间的关系，核心观点是认为治理社会的过程必须由公民领导，政府的职能是服务，而不是命令或者指挥；并认为传统的公共管理理论已出现不合时宜的地方，新的公共服务理论则与时俱进。新的公共服务理论提出七个原则：一是政府的职能是为人们和社会服务；二是人民不仅是政府的顾客，而且是社会的主人；三是公民和政府的共同目标主要是公共利益，政府机构对此予以重视；四是公务员的职责是多种多样的；五是政府制定战略时，首先要考虑的是公民的需求；六是公共服务和公民身份应高于企业家的地位；七是将理论集中在公共利益和民主价值上。

具体运用到商事登记制度变革过程中，要首先承认商事登记机关与商事主体的平等关系，要尊重商事主体的私有权利，假如商事主体向登记机关进行申报登记，只要符合要求，登记机构就应该积极准予登记。此外，通过商

① 张文静.《扬州市商事登记制度改革研究》[D],扬州大学硕士学位论文，2016

事主体的积极参与,政府应该放权提供便利,回归为市场主体提供服务的本质,发挥商事主体的主导作用,激发商事主体的活力,推动市场进一步发展。

3. 商业流程再造理论

"再造"最早属于计算机范畴,主要做法是针对企业外部市场竞争发展环境和顾客需求的变化,从计算机技术角度分析提出问题,并进行"根本的重新思考"和"彻底的重新设立"。到了 20 世纪 80 年代,市场竞争加剧,信息技术快速发展,企业内外环境的变化和企业自身管理的实践都发生了很大的变化,商事流程再造理论随之出现,并且在西方发达国家展开了轰轰烈烈的"商业流程再造"热潮。而商业流程再造最早是在 1990 年的时候由迈克尔提出,并在其后出版的《再造企业》一书中对商事流程再造的思想和概念进行了具体详尽的介绍,认为商事流程再造就是从商事主体的角度出发,对业务流程进行人性化的根本性的思考和颠覆性的再设计,使商事主体直观感受到成本的降低、质量的提升、服务的改善和速度的加快,也就是体现"顾客、竞争和变化"为特征的现代企业经营环境。其特征主要有三个:"彻底性""显著性"和"流程性"。其中,彻底性是指对企业进行彻底的、全新的改造,通过打破旧的行为、官僚化的组织结构和业务流程来重塑企业,而不是细小的修改或改造;显著性是指企业进行再造的最终目的是在业绩上得到一个显著的变化,而不是一种轻微的进步,通常是以新流程系统来取代旧的,从而明显提升业绩;流程性是指对企业业务流程进行重新设计,让企业的所有工作都是围绕业务流程来进行。商业流程再造的主要思想体现在以流程为导向、进行系统性优化、组织重新设计和以人为本的管理理念等方面。具体包括三方面,一是管理对象由职能部门转向业务部门流程,二是整个流程最优的系统性革新,三是组织重塑以业务流程为导向。

4. 政府再造理论

随着全球化、信息化以及世界性分工协作的到来,从 20 世纪 80 年代开始,传统的科层制政府管理模式已暴露出很多弊病。比如政府机构膨胀问题、官僚主义成风、权力过于集中、腐败问题、效率与公平的矛盾等。"重塑政府"和"再造公共部门"的行政改革呼声很高,理论界中以"新公共管理""企业

化政府""无缝隙政府"等子理论共同构成了"政府再造"的理论基础,为"抛弃官僚制"为口号的新公共管理运动打下理论基础。各国对行政进行改革的实践案例很多,比如1993年美国联邦政府开始推进"国家绩效评估"工作,加拿大的公共服务2000计划,丹麦的国营部门现代化计划等。经过实践的洗礼,理论界的学者们对政府再造理论纷纷提出各自的观点,比如盖布勒(2006)在《改革政府》一书中,提出了政府再造的十条准则,指出政府部门改革可以借鉴企业家精神,通过改革将政府塑造成以服务为导向的企业化政府。詹姆斯费斯勒和唐纳德凯特尔(2002)在《行政过程的政治》一书中,认为政府政务流程再造是一个由"重建"到"不断改进"再到"精简"的过程。劳伦斯琼斯和费雷德汤普逊1999年在《面向21世纪的公共管理体制改革》一书中认为新公共管理改革的五个"R",分别是:重构、重塑、重建、重组和重思,这被公认为相对成熟的政府再造战略理论。戴维奥斯本和彼德普拉斯特里克(1997年)在《摒弃官僚制:政府再造的五项战略》一书中提出了改变政府的"五个C战略":核心战略、顾客战略、结果导向战略、过程控制战略、文化引领战略,其被美国人称之为"政府再造"殿堂级别大师,其地位十分崇高。

政府再造理论的主要内容有四个方面。一是转变政府职能,随着各种非政府组织的加入,政府部门改变了传统的管理模式,从既制定政策又提供服务的全能型政府中摆脱出来;二是以"顾客需求"为导向,政府流程再造也一样要求政府树立顾客理念,提出要重新界定政府与社会两者的关系,主动洞悉公众需求,为其提供个性化的服务,认真倾听公众意见,将更多的服务选择权赋予公众;三是引入竞争机制,通过将一些专业性较强的工程交由私营企业实施建设,不仅可以将政府从繁杂的公共服务中抽身出来用于更重要的政策制定上,提高政府服务效率,更能够通过外包这些基础设施类工程来增加就业、带动经济的发展;四是注重服务质量,通过政府流程再造引入企业的管理模式,借助流程再造来提高公共服务供给质量,提高群众满意度。

此外,因为商业流程再造与政府流程再造容易混同,因此我们需要稍微理清一下。商业流程再造的应用早于政府流程再造,政府是从商业流程再造中借鉴相关的理念而成为政府流程再造的。商业流程再造理论的含义和思维理念为政府展开流程再造活动提供了理论基础，政府流程再造理论实际上就是商业流程再造理念在政府领域的延展。虽然，政府流程再造最初是参考商业流程再造的理念，但由于两者在理念、再造主体、客体、目标、复杂程度等方面存在差异，所以政府不是简单地借鉴和引用，而是根据两者的相关性与差异性进行活用。

二、商事登记流程再造研究综述

现代商事登记制度最早起源于 1861 年的德国，其后经过西方发达国家的不断探索，制度构建逐渐完善。简柯（2002）提到在西方国家的法律中，商业自由是"自然人权"，任何具备经营能力的市民都可以按照本人的意愿在法律法规允许的范围内进行商事经营活动，并受法律保护。我国商事登记制度发展较迟，深入改革和发展在 20 世纪末期才开始，其中广州是商事登记改革中的先锋，其后国内其他城市也陆续开展商事登记改革。本部分主要从商事登记流程再造的目标、内容和步骤来进行综述。

（一）商事登记流程再造目标的相关研究

我国各省各市商事登记变革在如火如荼地进行，各地之间的改革目标大同小异，主要有四方面：

首先是提高审批效率，减少登记步骤。国务院下发的《国务院办公厅关于印发〈进一步压缩企业开办时间的意见〉的通知》文件中提出商事登记要以压缩登记时间、提高审批效率为目标，逐渐实现将企业创办时间减缩一半以上，即由目前平均耗时 20 天缩减至耗时 8.5 天的目标。陆晓瑜（2014）认为商事登记改革的目标应当是实现商事主体资格登记和营业资格许可两相分离，简化注册手续，提高工作效率。

第二是缩短登记时间，提高便利度。广东省社科院课题组在研究广州商事制度改革中，提到商事登记流程再造最主要的目标就是使商事主体办事更简化便利，并通过构建创办企业便利度评价体系，对各地市开展便利度的评

估工作。创办企业的便利度从"三证合一""五证合一"再升级到"多证合一""证照联办",便利度越来越令人满意。

第三是提升商事主体的满意度。全国各地都在展开商事登记改革,有的进行"最多跑一次"活动、有的导服代办、有的对流程进行再造,其目标都是为了提升商事主体对政府服务的满意度,提升群众的获得感。

第四是实现登记全程电子化。李克强主持召开国务院常务会议部署推进公司注册资本登记制度变革,降低创业成本激发社会投资活力中,提出在2013年实现商事登记全程电子化的改革目标。陈红、赵晶晶(2015)认为电子营业执照是支持全程电子化的关键点,而全程电子化是商事登记制度变革的目的之一。曹朝阳(2017)认为商事登记改革的目的就是逐渐开通适用于一切企业、包括所有业务的网上登记系统,实现各类企业各项业务环节都可以通过线上进行办理。

(二)商事登记流程再造内容的相关研究

对商事登记制度变革实践的研究,主要包括服务渠道、审批材料、审批环节、审批时间、审批层级、审批权力和信息化等。服务渠道方面,赵晓芹,谭泽泓(2013)提出采用一个窗口统一受理商事登记申请业务,通过互联网进行信息共享,实现部门合作,提高审批效率。广艾琳,王刚(2014)提到广州市拓宽了政府服务渠道,商事主体可以借助手机、电脑等移动端,在线办理名称核准、设立登记、年度报告等涉及商事登记领域的业务。审批材料方面,陈锋(2018)认为应最大可能地减少提交材料,加强对商事主体在材料准备环节的指导,对需要准备的材料和涉及的流程进行重新梳理。艾琳,王刚(2014)认为广州简化统一了申请表格,取消了住所证明材料,基本取消了前置审批,大大简化企业证明材料。黄学爱(2013)认为珠海减少了企业开办过程中所需要提交的各类资料和审批事项。审批环节方面,易淑强(2015)认为企业整个开办流程,不仅要求办理营业执照、组织机构代码证、税务登记证,还要向公安、社保等部门办理刻章许可证、社保登记证等其他证件,审批环节过多降低了公众的积极性。韦祎,郗纳新,郭伏男(2013)

认为前置行政审批程序难以逾越已成为导致市场主体难以登记取照的重要原因。审批时间方面，颜慧（2013）认为程序上的形式审查时间更短、效率更高。

（三）商事登记流程再造步骤的相关研究

商事登记流程再造步骤方面的研究，曹浩波（2015）以昌邑市工商局企业注册登记业务流程再造为案例，设计了山东省昌邑市工商局企业登记新业务流程方案，提出在企业注册登记业务流程施行过程中，要树立"为公众服务"的理念；要加强部门合作与联系，注重资源整合利用；要重视政务环境的安全性保障。李锦红（2013）基于六西格玛管理法对政府流程优化进行研究，认为应当通过分析现有流程存在的弊端，然后选取再造流程、诊断分析原有流程、流程转换、新流程的分析与评价五步法实现流程再造。金盈（2010）以上海市场主体准入流程再造为案例，提出市场主体准入流程重构的四个步骤：一是对流程现状进行分析；二是明确商事主体需求；三是设定扩展性的目标；四是流程的重新设计。李锦红（2013）用六西格玛管理法分析了政府流程的四个步骤：一是对原有流程进行分析；二是利用模糊综合评价法确定顾客满意度程度；三是利用"重要性—绩效"分析模型选择六西格玛改进项目；四是利用 DMAIC 模型对政府流程进行改进。

（四）商事登记流程再造的研究述评

通过上述分析得知，学界对商事登记流程再造的研究不断深化，从目标、内容、步骤都得到不同程度的提升与完善，并逐渐与先进科技信息相融合，商事主体的满意度不断提升，企业数量和质量都有了明显的进步，但仍存在一些不足之处。

1. 实证研究依然偏少

总体上看，国外对商事登记流程再造的研究起步较早，成果较多，研究方法多采用案例分析和量化分析为主，而国内当前研究以理论分析为主，偏重在税务、社区、建设领域的流程再造为主，宏观方面的研究相对较多，实证研究成果比较少，也较少站在商事主体的角度量化研究商事登记的流程再造。

2. 缺乏与"互联网＋"融合的研究

从当前的研究成果看，商业流程再造领域的成果还是相对较多，框架较为清晰，从实施步骤、方法、技术路线等都有涉及，但是关于政府流程再造就相对较少，无论是理论上还是时间上都存在不足，也很少看到从"互联网＋"融合的角度来研究商事登记流程再造。基于此，本书在对已有研究文献成果进行梳理的基础上，从商事登记流程再造的内容入手，剖析佛山市企业开办流程变革中各因素的变化，并与"互联网＋"融合，研究佛山商事登记业务流程的现状，从商事主体满意度的角度分析商事登记业务存在的问题及问题产生的原因，并通过借鉴国内外商事登记流程再造完成得比较出色的地区或城市，最终提出"互联网＋"背景下佛山市登记业务流程再造策略，以期更好地为佛山商事登记服务提供决策参考。

第三章 "互联网+"背景下
佛山市商事登记业务流程的现状

一、我国市场主体情况

（一）基本情况

截至 2020 年 12 月底，我国共有各类市场主体 13840.7 万户，新登记 2502.1 万户。其中企业主体 4331.4 万户，新注册的有 803.5 万户；个体工商户突破 9000 万家，具体数量为 9287.2 万家，新登记 1681.5 万户；农民专业合作社超过 222 万户，新登记 17.1 万户。具体数据见表 3-1。

表 3-1 2020 年全国市场主体发展基本情况（单位：万户）

项目		期末实有	新登记
市场主体		13840.7	2502.1
其中	企业	4331.4	803.5
	个体工商户	9287.2	1681.5
	农民专业合作社	222.1	17.1

（二）我国商事制度改革的主要做法

"十三五"以来，我国商事制度变革步伐加大，把商事制度改革视为供给侧结构性改革的一项特别重要的动作，加大力度对企业准入革新向纵深推进、对产品准入革新提速、对食品药品和医疗器械注册制度革新步伐加快。商事

制度变革的成效凸显，市场准入环境得到大幅度改善，市场主体增长较快。国家相关部门通过调研分析，以商事登记为突破口，专门针对企业目前面临的进入市场门槛高、手续复杂、环节繁多、效率慢、时长久等问题，从商事主体进入市场的第一关做起，把不必要的证照取消，大大压缩规定的办理时长，从而降低准入门槛和准入成本，大幅度改善营商环境，因此也成了"放管服"改革中的突出亮点。

一是"先照后证"基本在全国范围内实现。把"先证后照"转变为"先照后证"，涉企证照改革力度很大。2016 年，直接取消 40 项前置审批；缩减了85% 前置事项，也就是将 152 项前置改为后置审批；只保留了 34 项前置审批。2017 年，实现前置审批再削减三分之一。革新从先照后证深入转为"照后减证"。

二是"多证合一"走向规范。从 2015 年的推出的"三证合一"到 2017年推出的"多证合一"，进一步缩减环节手续。

三是"证照分离"现已实现。2016 年"证照分离"革新试点在上海浦东开始，2017 年在天津、辽宁等 10 个自贸试验区推广上海市的改革经验和做法。2018 年"证照分离"大面积在全国推开。

四是登记注册更加便利化。全面放开企业名称库，实现企业名称快速确认。取消部分企业集团分支机构的设立变更注销备案等行政许可事项。在全国范围内实现全程电子化登记，实现全程无纸电子化，强调电子营业执照的有效性。推行"一口办理""一址多照""一照多址"、工位注册、集群注册、手机 App、人脸身份识别、最多跑一次等创新举措，实现登记注册真正便民服务。企业注册登记更加便利，所需时间更为缩短。

五是继续推动企业简易注销改革。为了解决初入市场的商事主体的"退出困难"的问题，2016 年开始在 39 个地区展开简易注销登记改革试点，其后在 2017 年 3 月 1 日在全国大面积推开，通过年底统计得知有接近 40 万户商事企业通过简易注销程序退出市场。

六是进一步放宽行业准入。不断放开外商投资市场准入，也不断加大力度放宽基础设施领域的开放力度。

七是加大对小微企业发展的扶持力度。通过构建优化的小微企业名录系统，设立国家中小企业发展扶持基金，设立"小微企业库查询"和"扶持政策集中公示"功能与中国政府网实现对接，推出多项减税措施，加大对小微企业信贷投放，以此激活小微企业的生机和活力。我国除了加大力度纵深推进企业准入革新外，还积极推进工业产品生产许可证改革；积极施行强制性产品认证制度改革；推广企业标准自我申明公开和监督制度。食品、药品和医疗器械注册制度变革方面，推进步伐大大加快，主要是深化食品生产经营许可制度变革、推进药品医疗器械审评审批制度变革。

通过商事制度变革，降低市场主体进入市场的制度性成本，激发了商事主体投资创业热情，大大释放了市场生机和市场潜力。商事制度改革成效凸显，主要表现在：夯实经济发展的微观基础，并大大促进大众创业创新；催生了很多新产业和新业态的出现和发展，为我国的经济转型发展提供了新的动力；扩大了就业和税收，促进了中国经济的持续发展；在一定程度上改善了相对较弱的营商环境，在一定程度上提高了企业在国际舞台上的竞争力和影响力；取得了广泛的社会共识，获得了各界的充分认可。

二、我国商事登记的流程

改革开放以来，中国的经济发展迅速，国民生产总值多年连续保持7%～8%的高度增长，但商事主体投资开办企业面临的准入门槛高、程序环节多、办事效率低、期限耗时长等问题已然非常突出，因此从国家到地方都非常重视商事制度变革。新时代背景下，互联网不仅实现了与制造业、服务业的融合，也逐渐在政务中展现出蓬勃生机、强大的生命力和活力。2020年政府政务服务实现与互联网进一步融合发展，商事登记也与互联网紧密融合。企业是市场进行经济管理活动的主要参与者和社会主义财富的主要创造者，企业信息登记工作流程再造是互联网与政府提供服务深度融合的产物，是"互联网+"时代文化背景之下的必然发展变化趋势。

企业登记业务主要包括三项：分别是企业设立登记、企业变更登记和企业注销登记，其中企业设立登记是办理最多的一项业务。下面具体介绍线下商事登记身份实行实名认证具体流程及线上商事登记身份实行实名认证具体流程。

（一）线下商事登记身份实行实名认证具体流程

目前我国的企业登记程序主要实行"申请—受理—核准"的逐级审批的制度。即：初审环节和核准环节。对每个环节的审查工作内容、范围及审查责任依然没有一个明确的规定。图3-1是我国企业登记具体流程，如图3-1所示，线下商事登记身份实行实名认证具体流程是从"申请人下载表格、准备材料和提交申请"开始，到"工商机关受理审查"，到"当场做出受理决定"，到"是否启动实质审查"，到"做出准予登记的决定"，最后到"15日内颁发营业执照"。线下商事登记身份实行实名认证具体流程虽然已经比过去便捷了很多，但用时依然较久。

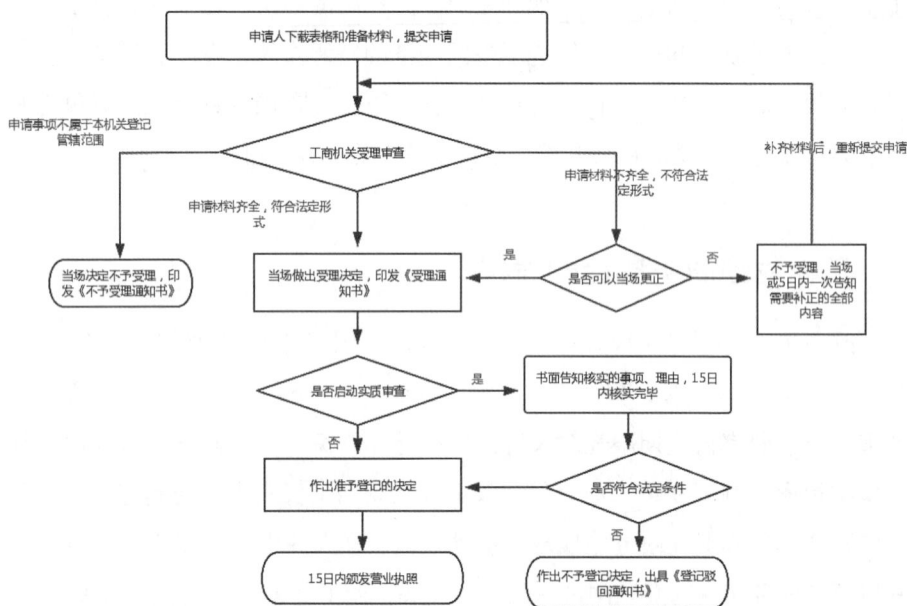

图3-1　企业登记具体流程

（二）线上商事登记身份实行实名认证具体流程

随着计算机技术和网络技术的快速发展，商事登记与互联网融合正在发生。下面我们主要介绍线上商事登记身份实行实名认证的详细流程，包括认证范围、认证方式和流程。

首先是认证范围。内资股份有限公司、内资有限公司、内资合伙企业、个人独资企业或者个体工商户(以下简称"企业")在工商登记窗口办理设立登记业务的,所有投资者(股东)、法定代表人(负责人、经营者)、合伙人、执行事务合伙人或者委派代表、董事长(执行董事)、副董事长、董事、监事、经理(总经理)、委派代表或者共同委托代理人、联络员、财务负责人等需要提交身份证件复印件的人员,均为中国大陆居民,必须先进行身份认证。

然后是认证方法和流程。第一,线上身份实名认证。新设立一个企业名称可以自主选择申报或名称预先核准完成后,由被委托人需要通过"佛山商事签"微信小程序设计进行社会身份实名认证、添加待认证管理人员自己身份相关信息技术制作《知情授权委托书》,点击确认提交后将"佛山商事签"微信小程序转发给各待认证机构人员,待认证机构人员于"佛山商事签"微信小程序问题进行不同身份实名认证,并签署《知情授权委托书》,所有待提交认证专业人员核验身份完成后,被委托人到工商部门登记时间窗口提交设立材料时须出示"佛山商事签"微信小程序自动生成的《知情授权委托书》签名核验二维码。第二,现场的真实姓名鉴定认证。如果认证人选择现场身份实名认证,应当将原始身份证带到工商登记窗口,通过人脸识别智能终端进行身份实名认证。

三、佛山市场主体情况

(一)基本情况

截至 2020 年 10 月底,佛山市共有各类市场主体超过 90 万家,同比增长为 14.13%。其中,企业主体总数为 38.5 万家,同比增长 11.45%;个体户实有 53.1 万家,同比增长 16.17%;农民专业合作社 337 家。[①]

2020 年 1—10 月,全佛山市新登记市场主体 16.1 万家,同比增长 5.76%。

---

① 佛山商业登记推行"线上 + 线下"实名认证系统,https://news.ycwb.com/2019-02/28/content_30207339.

其中新登记各类企业 5.54 万家，同比增长 2.44%；新登记个体户 10.54 万家，同比增长 7.58%。2020 年年初，因受疫情影响，市场主体曾短暂出现负增长，但随着疫情有效控制和市场有序复工复产，3 月起新登记市场主体数量开始增加，第三季度每月新登记市场主体为 2 万家左右，均比去年同期有所增长，市场主体信心明显恢复。

与此同时，2020 年 1—10 月期间，全佛山市共注销各类市场主体 6.3 万家，同比下降 5.5%。其中，注销企业 1.8 万家，同比增长 0.76%；注销个体户 4.5 万家，同比下降 7.8%，注销农民专业合作社 16 家。

（二）产业结构

截至 2020 年 10 月底，佛山全市市场主体从事第一产业市场主体 5137 家，从事第二产业市场主体 161756 家，从事第三产业市场主体 749939 家，分别占总数的 0.56%、17.64%、81.8%。

2020 年 1—10 月期间，新登记市场主体中第三产业继续占优，三大产业分布情况为第一产业 516 家、第二产业 15366 家、第三产业 144981 家。

（三）行业发展

2020 年 1—10 月期间，佛山市新登记市场主体所属行业前五类依次为批发和零售业、租赁和商务服务业、住宿餐饮业、制造业，还有科学研究和技术服务业。新增市场主体所属行业前十类与我市市场主体最集中的前十类行业基本一致。

四、佛山商事登记流程

（一）佛山商事登记一般流程

当前我国大力推崇大众创新、万众创业，而创业的第一步是注册公司，其中商事登记又是注册公司的第一步。下面是佛山注册公司的详细流程。

第一步，核名步骤，耗时五天。内资公司注册所需资料：如为自然人投资者，需准备身份证（原件）；如果是公司，三证合一后准备好三证（原件）或许可证原件。外资公司注册所需资料：如果是自然投资者，提供护照/台湾证明（原件），如果是公司，提供公证证明和双重证明。然后填写工商管理局提供的《名称预先核准申请书》，由于企业注册同一个公司名的数目相对比较庞大，重名概率很高，在此同时提醒：核名需准备5个以上非常规字号的名字，尽量两个字的更容易能够通过。

第二步，提交企业营业执照申请材料，所需时间（5到10个工作日）。法人、监事、股东证件以及工商局要求的其余资料，法人、监事、股东都必须签字或盖章。结束后可以拿到营业执照。

第三步，资质审批步骤，耗时10个工作日。因为每一家准备注册的企业的经营范围都会有所不同，所以其相应的前置审批的经营范围也会有所差异，有的必须办理经营许可证，比如与食品有关的食品（乳制品）流通许可证和餐饮许可证；与饮料有关的酒类批发/零售许可证、与化学品有关的危险品经营许可证、与运输有关的道路运输许可证等。

一般来说，完成了第三步，那么商事登记的一般流程就结束了。

第四步，刻章。公司营业执照审批下来后，刻公司公章、法人章、财务章。

第五步，银行开户步骤，耗时5个到10个工作日。这个步骤商事主体可以自由选择心仪的银行进行开户，开户完成后，商事主体就可以到银行开许可证。

第六步，签三方协议。三方协议是甲、乙、丙三方由税务、银行、企业之间建立的税款缴纳协议。

第七步，办理相关税种核定。需财务管理人员亲自前往税务局办理办税员资格，同时需要办理税种核定。

第八步，发票采购。按照公司经营范围所列的经营范围购买发票即可。

第九步，特殊行业审批。如果公司在其经营范围内有特殊的行业或产品信息，则需要许可证。例如，经营食品类企业要办理卫生服务许可证，经营危险产品则要办理危险品生产经营许可证。办理行业许可证的时间通常在公司名称核定批准之后。

以上是佛山注册公司的所有流程，需要事先考虑的材料或事项有：股东、法定代表人身份证明（或身份证原件）及法定代表人照片；多个公司名称（备用）；公司经营范围；公司注册资本、股东出资比例、投资期限；注册地址房屋租赁合同、租赁协议（须为正式办公楼，居住房屋不可登记）；财务人员从业证明、身份证复印件及照片；其他登记所需材料。

（二）企业登记流程的形式

当前办理企业登记主要有三种形式，分别是到企业登记场所申请、利用传真和电子邮件等在线方式提交申请以及邮寄申请（如图 3-2 所示）。申请人需要到企业登记管理部门提交资料，在系统内进行数据录入，往往需要申请人多次往返业务办理大厅，需要提交的材料较多、程序烦琐，有的时候因为准备不齐全、不准确，存在往返多次的可能性。在进行企业登记流程优化之后，申请人可以借助互联网平台按照要求在线提交所需要的申请资料，在系统网站进行审核，待审核通过之后，再到现场提交纸质资料，即可颁发营业执照。目前，根据实际业务办理情况，办理企业登记流程相对烦琐，耗费时间相对较长，有待进一步精简登记流程，提高行政审批效率。

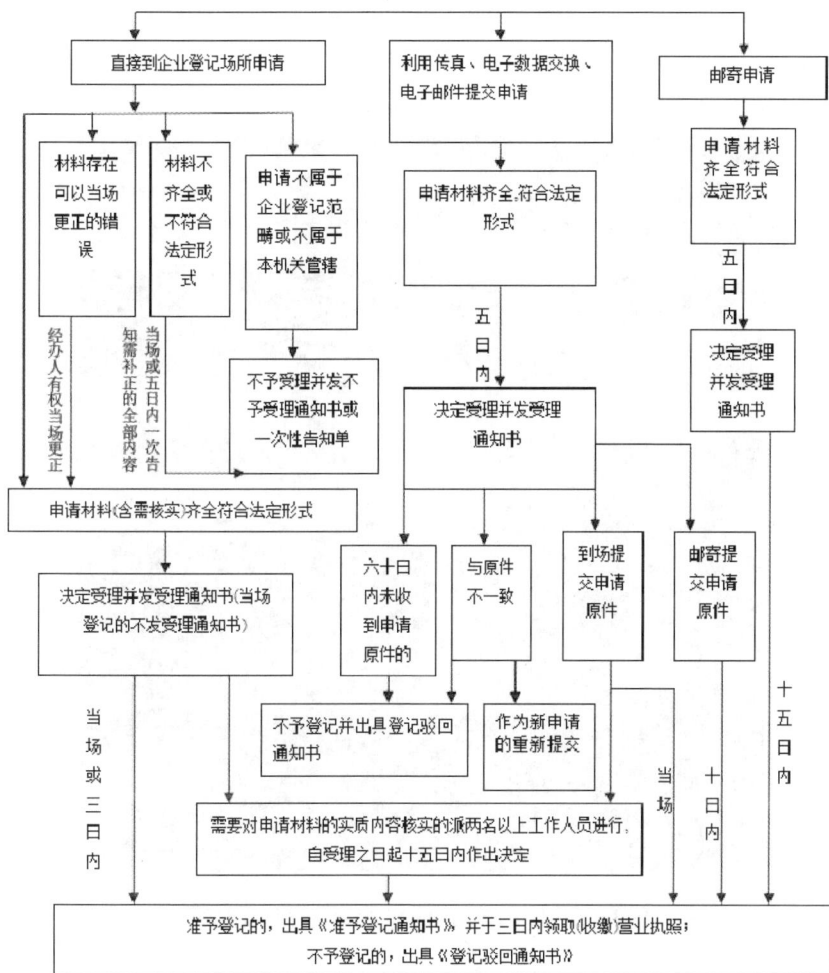

图3-2 企业办理流程的三种形式

（三）佛山推行商事登记"线上+线下"实名认证

佛山积极大胆探索商事制度改革，在进一步优化企业创办流程、减缩企业开办时长方面大胆尝试、敢于改革，创新性地打造出365天全天24小时不打烊智能商事登记系统（图3-3是24小时服务大厅和24小时不打烊智能商事登记终端）。运用"自助终端办照—微信端办照—电脑端办照""三箭齐发"

方式,让数据多跑路,让大众少跑腿,持续深化企业创办全程线上办"零见面"的内外含义。

图3-3 佛山24小时智能商事登记系统

2018年6月,佛山市市场监督管理局为解决创业企业审批难、等待时间长等"最后一里"问题,在没有现成经验可供借鉴的情况下,自行开发的自助终端24小时智能商业登记系统,在全省乃至全国率先全面实施365天24小时营业登记模式。为了开办企业不再局限于实体大厅和自助终端机,2018年9月又推出手机微信版24小时智能商事登记系统,商事主体只要通过"佛山市场监管"微信公众号开办企业入口,就能同步搞定商事登记、申领发票、印章刻制、社保登记、住房公积金缴存登记和银行预开户等业务。为了进一步把商事制度革新红利深入推向第一线、最基层,连接开办企业的"最后一米",2018年11月启动24小时智能商事登记系统"五进"工作,具体就是进社区、进专业市场、进园区、进商业中心和进银行网点。为了能够实现"24小时智能商事登记系统"的可自主编辑、自行查看已申请业务等各项功能，2019年7月，佛山继续升级24小时智能商事登记系统，同步推出电脑端（PC端）登录程序，把电脑端更具安全性和移动端的便利性相结合，为商事主体提供更为人性化、智能化、便利化的操作功能。2020年5月，24小时智能商事登记系统进一步升级，推出了商事主体变更、注销业务和首创的"一照通"业务智能"秒批"功能，大大推动了行政审批事项的全程线上办的步伐和进程。

至此，"24小时智能办照"系统让申请人无需预约，无需到现场排队，无需提交任何纸质资料，只要按照"佛山商事签"微信小程序完成线上身份识别和验证，并按程序提示输入自己的基本信息，即可由系统进行智能审核，并可以运用家里的打印终端打印营业执照，真正体验到商事登记和申领营业执照的"秒办秒批秒领"的魅力。

目前，佛山已构建起登记窗口（图3-3为佛山24小时自助服务区）、手机微信端、现场自助终端、电脑端"四位一体"办照方式，线上线下等多种方法都能实现"企业开办全程网上办"，全天候、全方位、立体化智慧便民的商事登记体系不断升级和完善。改革实施以来，至少为群众减少往返窗口300000次，节约材料160多万份，平均为每个市场主体节约4.5天，真正减少了对市场主体的负面影响，降低了时间和材料成本。

五、佛山登记业务流程现状问题

1.窗口办理压力较大，等待时间长。虽然现在佛山登记业务可以通过"24小时不打烊智能商事登记系统"完成，但是由于商事主体各种个人原因，他们在办理商事登记业务时，很多仍选择窗口办理渠道，往往导致人流量集中、窗口压力较大、公众等待时间较长等问题。对于不能当天办结的登记业务，商事主体往返窗口的次数会增多，这会影响商事主体对政府部门的办证效率的满意度。当然，商事登记大厅在窗口分布、人员设置上也同样出现不够科学、不够合理的现象，效率和效能的发挥也还在一定程度上受到影响。

2.政府部门各自为政，影响流程速度。在信息化建设中，各级政府部门

还处于各自为政、自行开发阶段，这是造成业务登记整体效率较弱的主要原因。由于各部门自建系统，形成"信息孤岛"，信息无法跨越不同省份，不能跨越不同城市甚至不能跨越区镇，导致信息资源无法共享，从而成为企业登记电子化施行的最大阻力，也造成整体流程效率低下，增加了商事主体办理登记业务的时间成本。

3. 各环节承诺办理时限依然较长。尽管政府部门一直努力缩短企业登记各环节的承诺办理时限，但在商事主体看来，承诺办理时限仍然较长。在商事登记业务各环节中，企业名称预先核准承诺时间为 5 天，工商登记领取营业执照承诺办理时间为 3 天，申领发票 2 天，各环节总计承诺时间为 10 天……这样时限看起来应该是可以接受的，但在当今竞争激烈的市场当中，时间就是金钱，政府部门应进一步缩短办理时限，提高整个流程运转速度。

4. 网上平台使用率还有待提高。当前，企业登记申请、受理、核准、发照、公示等各个环节都可以通过网上电子数据交换来实现，以达到企业登记无纸化、无介质、全程网上办理的目的。但是商事主体的行为惯性、心里踏实感受或者是个人电子信息化接受能力等原因，还有很大部分商事主体仍选择窗口办理的方式，网上平台使用率还有很大的提升空间。

5. 互联网平台的流畅度还有待提升。商事登记事项涉及企业名称、办事指南、业务分类等专业性极强的步骤和操作，商事主体申请人除了要上传要求的申请材料和申请资料以外，相关部门对于企业名称、企业经营范围、经营场所和地址等的审核也非常严格。如果没有相关的专业知识或者不熟悉企业登记业务流程，在网络平台上办理业务难度较大。尤其是对于一些年纪偏大、不熟悉电脑操作、文化程度不高的人群，更是难上加难，这在一定程度上影响了公众网上申报的积极性。此外，企业登记网络平台开发时间不长，功能有待完善，也确实存在可操作性较差的问题，商事主体在网上提交申请材料时常发生通不过的情况，导致办事不畅，最后就有好多商事主体直接选择到窗口咨询办理。

综上所述，咱们需要在"互联网＋"背景下，根据对商事登记流程现状的分析，提高网上平台登记系统的使用率，这就需要我们去普及这个平台的使用方法，同时，也需要让平台变得更简单更容易操作，让商事主体可以清楚地知道如何快速使用，也要及时地改善平台的功能。本书正式通过实地调研和问卷调查的方式来收集商事主体反馈的数据，以便根据商事主体的反馈情况来实现商事登记流程再造的目的。

第四章 "互联网+"背景下佛山市商事登记服务满意度分析

本部分在认真分析佛山商事登记制度改革的主要做法和成效的基础上，通过现场走访、问卷调查、实地办事体验等形式，深入了解商事登记主体的实际经验和感受，测评佛山全市商事登记满意度以及各区商事登记满意度，找出突出问题，最后结合佛山实际提出改进佛山市商事登记服务满意度的对策建议，希望以市场经济主体期待和需求为导向，围绕破解中小企业等投资公司生产管理经营中的"堵点""烦点""痛点"，加快打造市场化、法治化、国际化营商环境，增强我国企业在经营发展中的信心和竞争力，激发企业发展活力，为"大众创业创新"积蓄力量，对进一步提升佛山商事登记服务满意度提供有价值的参考意见。

一、佛山商事登记制度改革的主要做法和成效

（一）佛山商事登记制度改革的主要做法

1. 主动积极探索登记制度改革

早在国家还处于商事登记制度变革试点之际，佛山就进行了大胆探求和尝试，在 2012 年 9 月出台了《佛山市企业注册登记改革方案》《佛山市企业登记管理改革实施办法（试行）》等多个政策保障文件，并大胆施行行政许可告知承诺制、主体资格与经营资格相分离的行政许可制度、企业登记并联审批制度、住所与经营场所各自独立的登记管理方式、注册资本认缴制度、企业年检变备案制度及双轨制登记制度等，这在很大程度上是降低了市场的准入门槛、缩短了审批时长，效果明显。

2. 认真落实商事登记制度改革内容

国家自 2013 年开始实施商事制度变革，改革内容涉及注册资本实缴改认缴制、"先照后证"前置改后置、落实市场主体简易注销、"五证合一""一照一码"，年检制度改年报制度、推行全程电子化登记、政银合作政邮合作、放宽住所（经营场所）登记要求等。佛山认真落实商事登记制度改革的各项内容，2014 年 3 月，政府启动了注册资本登记制度改革，五月份，政府又开始施行"先证后证"的革新；2015 年 9 月又发出全国首张合乎国家规定的"三证合一""一照一码"18 位编码标准规范的营业执照；2016 年 10 月在全市范围内正式施行"五证合一"登记模式，到了同年 12 月施行个体工商户营业执照、税务登记证"两证合一"。通过落实和执行国家商事登记制度革新，不断提升商事登记的便利度，激发市场投资活力。

3. 大胆创新"宽进"措施

佛山市政府在全面落实和推进国家和省相关政策落地的基础上，不忘大胆创新，为佛山的企业进入市场提出创新性的"宽进"办法。比如在 2015 年 6 月就下大气力推出"一门式、一网式"政务革新活动，积极主动与商事登记改革融合起来，并与相关的综合服务窗口实现无缝对接，把企业全生命周期的设立、变更、换证、注销、许可等都实现"一窗通办"，消灭商事主体市场准入的最后障碍。此外，还率先创立"同城通办"，把地级市的各个区、各个镇街的数据都打通，还着力构建标准化的登记窗口业务服务流程，并且在 2014 年 8 月 1 日、10 月 1 日和 2015 年 1 月 1 日三个节点真正把佛山五区之间、各区的各镇街之间实现全程通办，大大降低不同区、不同镇街商事主体的办事成本，保障全市各区、各镇街登记审批规范的高度统一。此外，结合佛山地方产业发展实际和群众办事需求，2017 年佛山出台了住所登记管理办法，2019 年又对办法进行了修订完善，并以负面清单和房屋用途为划分标准开展住所信息申报制变革，进一步放宽住所登记限制，扩展"住改商"适用范围，释放住所资源，"宽进"门槛进一步降低。

4. 推行全程电子化登记

全程电子化登记是一种"在线申请、在线受理、在线审核、在线发照、在线公示"的行政审批模式，将原有的与办事群众"面对面"服务改为"键对键"服务。全流程网上登记指的是涉及营业执照的办理，申请人可以网上提交申请资料，申请、受理、签名、发照都可以在网上操作。营业执照有纸质版和电子版，电子版营业执照在现实中与纸质营业执照具备同样的法律效力。2018 年年底佛山落实"一门式"全程电子化平台建设，被国家市场监管总局确定为"企业全流程网上办"改革试点城市之一。佛山依托自主研发的 24 小时智能商事登记系统，逐步构建起企业登记信息窗口、自助服务终端、手机微信端、PC 端"四位一体"的办照模式，并整合商事登记、申领发票、印章刻制、社保登记、住房公积金缴存登记和银行预开户等一切兴办企业业务，实现网上、线下多渠道"企业开办全程线上办"，真正做到让"数据"跑起来，让商事登记主体方便轻松，提升群众满意度。

5. 首创"人工智能+双随机"事中事后监管新模式

佛山率先建成覆盖市、区、镇三级的监管信息服务企业信息化管理平台，通过归集、清洗等各类涉企数据，从而构建风险研判模型，以风险点为导向，分析计算相关的历史数据，找出违法行为的规律和特点，预测高风险市场主体，为"人工智能"信用风险研判打下了厚实的大数据信息基础。此外，佛山还开发"佛山市监"小程序，对市场监管系统行政检查事项作出改革，率先在全国首创全场景全流程数智革新，不仅降低了政府行政必须留痕的成本问题，还消灭了数据多头报送难题，切实实现基层提效减负和规范廉洁的双目标。以场景为核心，严格关联"清单、场景、事项"，逐一理清市场监管行政检查、"互联网+监管"行政检查、双随机检查事项清单，再将每一项清单与具体的检查表相对应，理清具体的检查事项，做到了对市场监管行政检查业务的全场景的全覆盖，群众反映非常好。

6. 持续深化商事制度改革

佛山在深化商事制度方面，勇于突破、敢于尝试，实现多个全国首创和率先。首先是全国首创企业创办"一窗模式"，实现全流程审批最短半天，2019 年全市企业开办全流程更压缩至 0.57 天。而后是全国率先构建"四位一体"商事登记服务体系，实现企业创办"零见面、零跑动"，深化 24 小时智

能商事登记系统，先后推出服务大厅的企业登记信息窗口、自助终端、个人微信端和电脑端，形成"四位一体"的全天候、全方位、立体化智慧便民的商事登记服务体系，"企业开办全程网上办照"。接着在全国率先推广不打烊商事登记模式，实现随时随地全天候办理，商事登记自助终端机全面覆盖全市、全区、全镇街行政服务中心及部分商事登记注册大厅和大型社区、专业市场、商业中心、园区、银行网点等，实现随时随地、全天候、全方位、全过程网上办理营业执照。第四是全国率先启动"证照联办"革新，实现70个主题"一件事"办理，大幅压减企业办理证照时长，变革后提交材料缩减超过30%，办理时间压缩一半以上。第五是佛山在2019年发出全国首个"跨境通办"营业执照，实现港澳佛经贸"零距离"合作发展，为粤港澳大湾区政务互通、跨境办理奠定了坚实基础；2020年佛山市市场监督管理局与中国建设银行佛山市分行联合推出"港澳商事E点通"，港澳居民通过银行网点的智慧柜员机实现商事登记自助办，有力促进了注册便利化和金融服务便利化。第六是全国首创公司类简化版香港公证文书跨域邮寄，2019年9月首创公司类简化版香港公证文书跨区域邮寄服务，实现港资企业设立登记简便快捷，实现佛山市港资企业设立登记半天内完成的神话，创办企业全流程不超过一天半。并在全国范围内首创"人工智能＋双随机"监控新模式，实现市场监控"早发现，早预警"。第七是在2020年率先启动"一照通"变革，将涉及市场监管部门的商事登记、经营许可等事项都可以通过"一照通"平台统一受理、审批、发照，同步上线微信端，实现足不出户、自助办理，一照一码准入准营；降低企业创办制度性成本，切实落实"一企一照，一照通行"制。

（二）佛山商事登记制度改革取得的成效

1.激发了市场活力，优化了市场主体结构

商事登记制度改革至今，市场主体增长迅速。截至2020年10月底，佛山市实有各类市场主体超过91万户，同比增长接近15%。其中，企业总数38.5万户，同比增长11.45%；个体户实有53.1万户，同比增长超过16%；农村专业合作社337户。企业注册资本总额也不断攀升。全市市场主体从事第一产业市场主体5137家，从事第二产业市场主体161756家，从事第三产业

市场主体 749939 家，分别占总数的 0.56%、17.64%、81.8%。2020 年 1—10 月，新登记市场主体中第三产业继续占优，三大产业分布情况为第一产业 516 家，第二产业 15366 家，第三产业 144981 家。第三产业比重逐步提升，三大产业的结构逐步优化。

2. 降低准入门槛

先照后证，实现数据共享化，落实工商登记"先照后证"审批，有效降低了准入门槛。多证合一，实现程序便捷化，一方面在营业执照、税务证、代码证、统计证、社保证五证合一的基础上，进一步实行营业执照与其他涉企备案事项多证合一，通过"一张表格申请、一窗受理、一次审核"，以数据共享形式践行数据多跑路、商事主体少跑腿。进一步推行企业简易注销登记，努力畅通"僵尸企业"的退出通道。

3. 优化资源配置实现审批效率和质量提升

第一是优化资源配置，实现审批时限再压缩。积极施行企业全程电子化登记，同时推行企业登记"全程在线受理、在线审批、电子签名、网上发照"模式，申请人运用 24 小时商事登记智能系统平台，根据系统提示菜单即可完成自行申报，工作模式从传统的"面对面"向"键对键"转变，全流程网上登记，企业通过系统自动发送的链接进行电子签名，实现办事"零上门"。整合现有业务精干人员，优化窗口人员配置，进一步压缩审批时限。

第二是完善预约服务，助力审批效率再提速。在公众号中推出"微信预约取号"和"微信在线取号"。此外，行政服务中心登记审批大厅还配备了呼叫机、自助一体机、多媒体显示屏等多项硬件设施，提供信息查看、线上排队等候、网上使用电子化登记、审批事项服务、指南查询等服务。为进一步提速审批效率，推行非关键性必要材料可以后补的"容缺受理"新审批模式，即根据办理证照提交材料规范要求申请人必须提交材料中的非关键性材料有瑕疵或忘记携带的，允许申请人填写《容缺受理通知书》承诺在规定的时间内补齐材料，便可领取或快递送达营业执照，有效缩短了审批时间。

第三是提升了行政审批质量。通过模块化设计，将行政事项标准化，材料提交格式化，行政审批智能化，既进一步提升行政审批的标准化，为商事主体

提供无差别服务,还开创了法人审批领域机器取代人的先河。随着"零见面"智能商事登记企业数量的逐渐增加,窗口工作人员的压力不断得到缓解,释放出更多的精力为其他类型的商事登记业务提供更优质更高效的服务。

4. 为全国"放管服"改革提供经验借鉴

2018 年佛山市"零见面"的智能商事登记改革模式被国务院办公厅以专报形式向全国各省推介借鉴。朱伟市长在 2018 年 7 月 27 日国务院新闻办政策吹风会上,受邀介绍了佛山市营业执照自助办理"零见面"等改革工作经验。"佛山模式"创新受到广泛关注,还陆续有来自北京、山东、福建、湖北、深圳、广州、东莞等各省、市考察团到佛山学习考察。2019 年以来,进一步加强对智能商事登记系统进行优化升级,2019 年 6 月,24 小时智能商事登记系统实现"湾区通办""跨镇街通办",将"零见面"智能商事登记模式推广到港澳两地。

5. "证照联办"改革成效被全省复制推广

2019 年 11 月 27 日以粤办函〔2019〕376 号文印发了《广东省政府办公厅关于做好优化营商环境改革举措复制推广借鉴工作的通知》。佛山的"证照联办"改革举措被列入了"我省形成在全省复制推广借鉴的优化营商环境改革举措清单",并成为创办企业项目唯一复制推行的举措。

6. "人工智能+双随机"新模式获国办经验推广

2020 年 7 月,佛山推出的"人工智能+双随机"新模式项目,靠实力获得国办经验推广,这也是广东省唯一被国办推广经验做法的项目,是全国 10 个经验做法中唯一的地级市经验项目,更是此次唯一一个涉及"放管服"中"管"的经验项目。

二、佛山商事登记满意度调查的目的、内容、范围及期限

(一)问卷调查目的

自 2014 年商事登记制度改革实施以来,广东省社科院也曾牵头做过关于办事群众办理次数、办事人员服务态度等的满意度调查,但其范围是全省的,

针对性不是很强。因此,本次问卷突出主题,主要涉及的题目是商事登记维度的;选题设计易于理解,被调查对象能够短时间内快速做出回答;通过问卷调查,用数据表述群众对商事登记服务的满意程度,一定程度上了解商事主体对商事登记服务总体的满意程度,同时了解商事主体对于改革的期望。

(二)问卷调查内容

问卷设计包含18个问题,分为四类。第一类涉及调查对象的基本情况,如性别、年龄、受教育程度、对商事登记流程的熟悉度等(第1到第4题)。第二类是对于商事登记服务的具体满意度(第5到12题)。第三类是综合多选题,主要是了解群众对"24小时商事登记系统"的有关看法,关于商事登记制度改革后能得到的实惠以及商事登记制度改革过程中还存在的不足之处,以及对于进一步优化营商环境、深入推行商事登记制度改革的建议,属于综合性问题。

(三)问卷调查范围及期限

调查范围:调查对象为佛山五区行政服务中心商事登记领证窗口的商事主体,具体调研窗口见表4-1。

调查时间:2020年10月10日—2020年11月15日

表4-1 调研涉及的大厅

所在区	名称	地点	所属镇街	窗口数
禅城	佛山市禅城区市场监督管理局登记许可分局祖庙登记中心	广东省佛山市禅城区卫国西路7号	祖庙	9
禅城	佛山市禅城区石湾镇街道工商登记服务大厅	佛山市禅城区澜石一路与汾江南路交叉路口往西约50米(利豪名郡西北侧)	石湾	6
南海	南海区行政服务中心	广东省佛山市南海区桂城南新三路24号	桂城	4

所在区	名称	地点	所属镇街	窗口数
南海	桂城行政服务中心	广东省佛山市南海区南港路8号桂城街道行政服务中心	桂城	15
南海	罗村行政服务中心	广东省佛山市南海区狮山镇罗村府前路3号行政服务中心	狮山	4
南海	盐步行政服务中心	广东省佛山市南海区大沥镇盐步穗盐路时代广场内1层 大沥镇盐步行政服务中心	大沥	4
南海	大沥行政服务中心	广东省佛山市南海区大沥镇振兴路54号大沥行政服务中心	大沥	4
南海	西樵行政服务中心	广东省佛山市南海区西樵镇登山大道7号	西樵	6
南海	丹灶行政服务中心	广东省佛山市南海区丹灶镇金沙金兴路七号一座丹灶镇行政服务中心	丹灶	5
顺德	顺德区行政服务中心	广东省佛山市顺德区大良街道德民路行政服务中心	大良	6
顺德	顺德区市场安全监管局大良分局	广东省佛山市顺德区南国中路28号	大良	8
顺德	顺德区北滘镇行政服务中心	广东省佛山市顺德区北滘镇新城区明政路1号	北滘	6
顺德	龙江行政服务中心	广东省佛山市顺德区龙江镇龙洲西路文化中心	龙江	5
顺德	乐从行政服务中心	广东省佛山市顺德区乐从镇兴乐路163号	乐从	7
顺德	杏坛行政服务中心	广东省佛山市顺德区杏坛镇杏龙路329号	杏坛	6
高明	高明区行政服务中心	广东省佛山市高明区行政服务中心	荷城	7

续表

所在区	名称	地点	所属镇街	窗口数
三水	三水区行政服务中心	广东省佛山市三水区西南同福路10号（明富昌体育馆对面）西南（区）行政服务中心	西南	6
三水	西南街道行政服务中心	广东省佛山市三水区西南街道河口车仔路18号	西南	4

（四）佛山全市商事登记服务满意度调查问卷数据分析

课题组在文献检索、实地考察、专家访问、市民访谈的基础上精心设计了调查问卷（详情见附录），然后发放调查问卷。本次调查在2020年10月10日至11月15日期间进行，历时一个月，调查地点遍及佛山五区，包括禅城区、高明区、南海区、三水区、顺德区，共发放问卷760份，剔除填写错漏的以及回答有矛盾的问卷60份，最终实际回收有效问卷700份，有效回收问卷为92.1%。下面调查问卷进行统计分析。

1. 调查对象基本情况统计

本次问卷调查对象的基本信息统计如下表4-2所示。在700个有效收回的调查问卷中，男性占42.4%，女性占57.6%，女性比例稍高，比男性多出15.2%，初步判断佛山的女性创业比较活跃。

表4-2 受访商事主体基本信息统计结果

项目	类别	频数	百分比（%）
性别	男	297	42.4
	女	403	57.6
年龄	18～24岁	160	22.9
	25～31岁	230	32.8
	32～40岁	196	28.0
	41～55岁	105	15.0
	56岁以上	9	1.3

续表

项目	类别	频数	百分比（%）
	高中以下	3	0.4
	高中	152	21.7
教育程度	大专	343	49.0
	本科	132	18.9
	硕士	67	9.6
	博士	3	0.4

从表 4-2 的统计结果看，就年龄而言，被调查者中，18～24 岁的青年商事主体的数为 160，占比 22.9%；25～31 岁群体的商事主体频数为 230，占比 32.8%；32～40 岁群体的商事主体频数为 196，占比 28.0%；41～55 岁群体的商事主体频数为 105，占比 15.0%；56 岁以上群体的商事主体频数为 9，占比 1.3%；从调查的商事主体比例可以看出，商事主体的主力为 25 岁到 40 岁之间，56 岁以上显著减少，这与现实情况非常吻合。从图 4-1 商事主体的年龄分布直观可以看到，18～24 岁的年轻人商事主体的比例也不少，这与近些年来国家大力提倡和扶持创新创业有很大关系，当然也与进入的门槛降低有关。

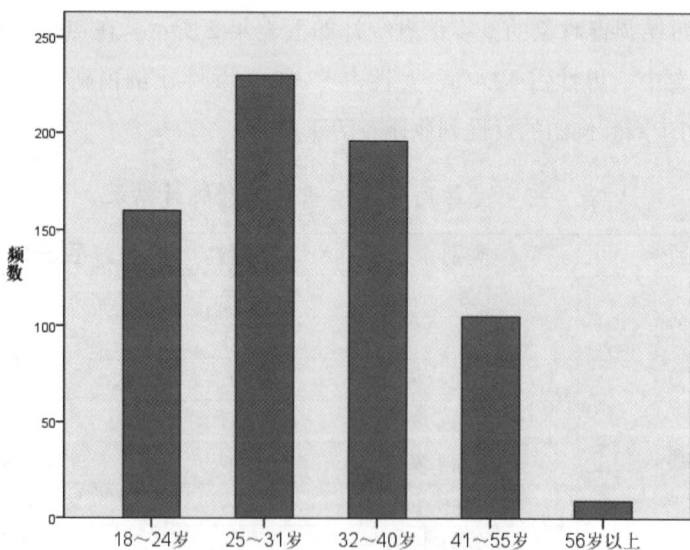

图4-1 商事主体的年龄分布

从表4-2的统计结果看，就商事主体受教育程度而言，被调查者中，高中以下的商事主体的数为3人，占比0.4%；高中学历的商事主体频数为152，占比21.7%；大专学历的商事主体频数为343，占比49%；本科学历的商事主体频数为132，占比18.9%；硕士学历以上群体的商事主体频数为67，占比9.6%；博士学历以上群体的商事主体频数为3，占比0.4%；从调查的商事主体受教育程度的比例可以看出，商事主体的受教育程度集中在大专学历，高中、大专和本科占到总比例的90%，高中以下、硕士学历和博士以上学历的总和才为10%，这与现实情况也是高度吻合的。从图4-2商事主体的受教育程度直观可以看到，高学历水平的商事主体比例依然偏少，这在一定程度上反映佛山的产业结构中高科技水平的企业依然不足。

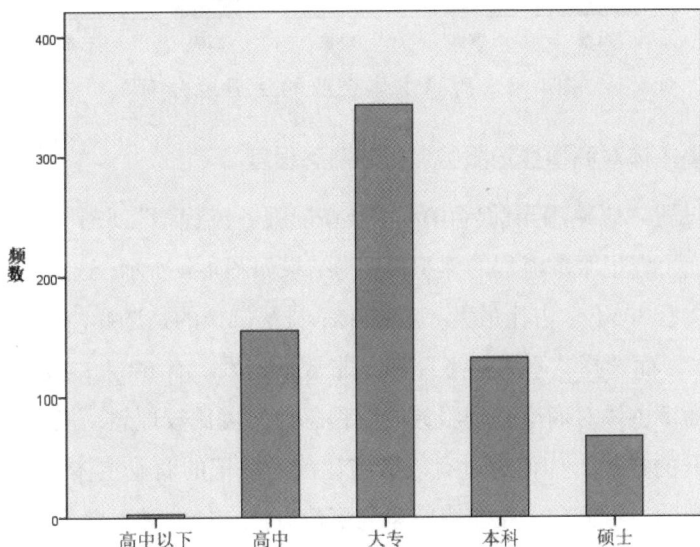

图4-2 商事主体的教育程度分布图

图4-3是商事主体注册地分布情况，其中禅城有156个、南海有289个、顺德有183个、高明有31个、三水有41个，这与注册地的服务大厅数以及市场主体总数成正比例关系。

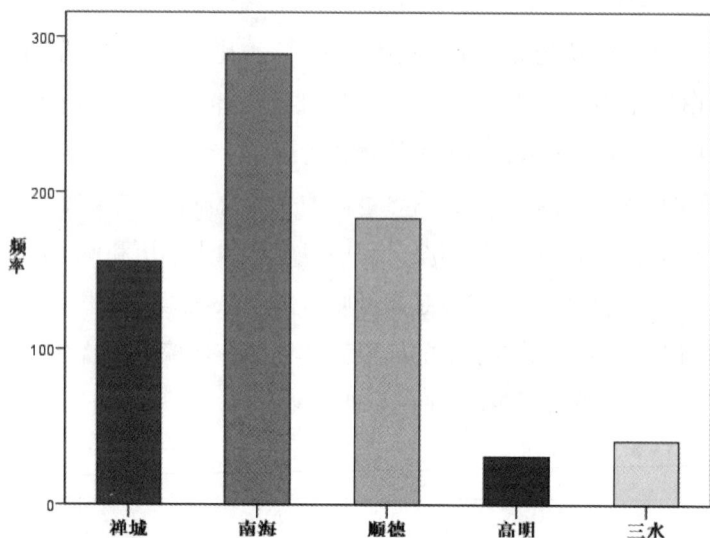

图4-3　商事主体企业的注册地分布

2. 商事主体对商事登记服务流程的熟悉程度

我们设置"您熟悉当前佛山的商事登记服务流程？"来了解佛山五区商事主体对商事登记服务流程的熟悉程度。结果如图4-4所示，选择"比较熟悉"的商事主体有305位，占比最大，达43.6%；排第二位的是选择"一般"选项的，占比31.6%；而选择"不太熟悉"和"非常不熟悉"有67人；按说明总体来看，佛山商事主体对商事登记服务的流程总熟悉度比较理想，但从数据来看，依然有提升的空间，如何通过有效措施让前来登记的商业主体预先知道登记流程是未来的思考方向。按李克特量表赋值方法，把非常不熟悉、不太熟悉、一般、比较熟悉、非常熟悉分别赋值为1、2、3、4、5，然后计算得出商事主体对商事登记服务流程的熟悉程度为3.64分，离满分5分还有一定距离。

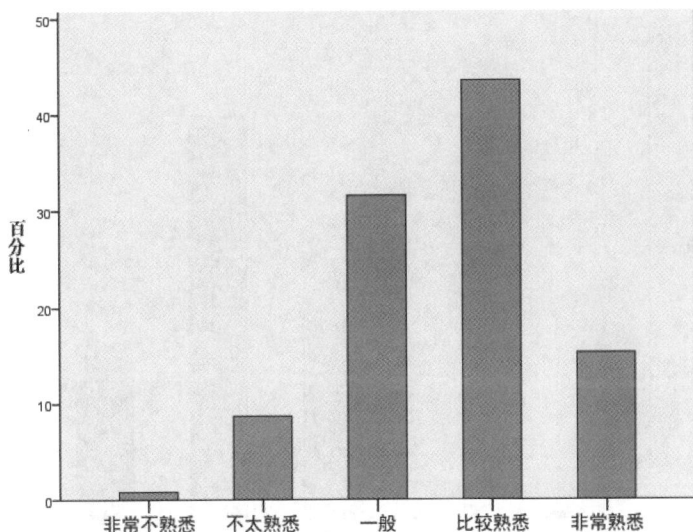

图4-4 商事主体对商事登记服务流程的熟悉度

3. 商事主体对佛山企业登记流程的整体满意度

为了了解商事登记主体对从预约到拿到营业执照的整个流程的满意度，我们设置"您对于佛山企业登记流程的整体满意度如何？"来测度。结果选择"非常不满意""不太满意""一般""比较满意""非常满意"的商事主体人次为5、5、183、353和154，占比见图4-5，具体为0.71%、0.71%、26.14%、50.43%和22%，说明佛山商事主体对商事登记服务的流程的整体满意度比较理想，选择"非常不满意"和"不太满意"的占比合计仅为1.4%，说明商事登记制度改革以来，佛山做的改革工作成效显著；但从数据来看，把"比较满意"和"非常满意"定义为"满意"，则满意度为72.65%，依然有很大的提升空间，因为对商事登记流程服务认为"一般"的占比为26.14%，比重不小。按李克特量表赋值方法，把非常不满意、不太满意、一般、比较满意、非常满意分别赋值为1、2、3、4、5，然后计算商事主体对佛山企业登记流程的整体满意度为3.92分，离满分5分还有一定距离。

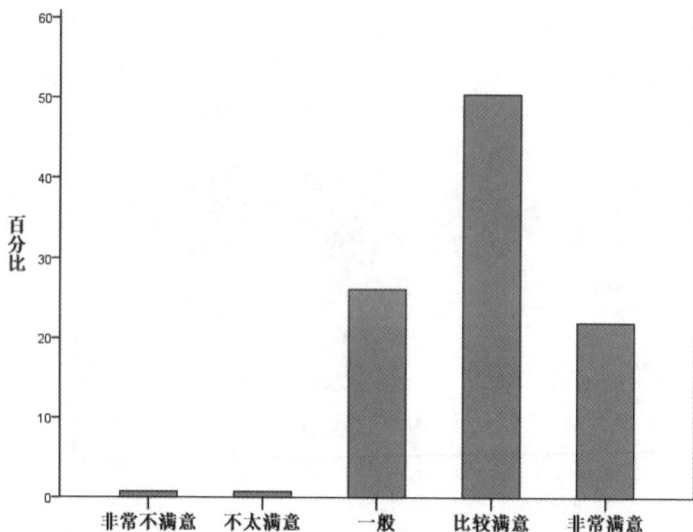

图4-5　商事主体对佛山企业登记流程的整体满意度

4. 商事主体对工作人员服务态度的满意度

　　为了了解商事登记工作人员的服务态度，我们设置"咨询商事登记问题时，工作人员服务态度好、解答及时、答复满意"来测度。结果选择"非常不满意""不太满意""一般""比较满意""非常满意"的商事主体人次为2、5、62、334和297，具体占比见图4-6，说明佛山商事主体对工作人员服务态度的满意度理想，选择"非常不满意"和"不太满意"的人次仅为7人，说明工作人员服务态度良好；但从数据来看，依然有提升的空间，因为对商事登记流程服务认为"一般"的有62人。按李克特量表赋值方法，把非常不满意、不太满意、一般、比较满意、非常满意分别赋值为1、2、3、4、5，然后计算商事主体对工作人员服务态度的满意度为4.312分，离满分5分的距离不是特别大。

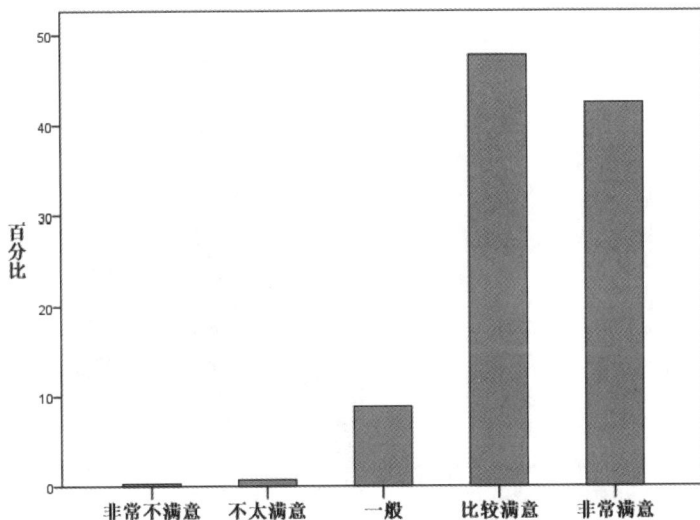

图4-6　商事登记主体对工作人员服务态度的满意度

5. 商事登记的办理手续便利度

我们设置"您认为佛山商事登记的办理手续便利吗？"来了解佛山五区商事主体对商事登记办理手续便利程度的认可度。结果如图4-7所示，选择"非常不便利""不太便利""一般""比较便利""非常便利"的商事主体人次为3、11、108、353和225，分别占比为0.4%、1.6%、15.4%、50.4%和32.1%，说明总体来看，佛山商事主体对商事登记的办理手续便利度比较理想，超过八成受访商事主体表示"比较便利"和"非常便利"，但认为便利度一般的超过15%，说明商事登记的办理手续便利度需要进一步优化。按李克特量表赋值方法，把非常不便利、不太便利、一般、比较便利、非常便利分别赋值为1、2、3、4、5，然后计算商事主体对商事登记办理手续的便利程度为4.119分，离满分5分的距离不是特别大。

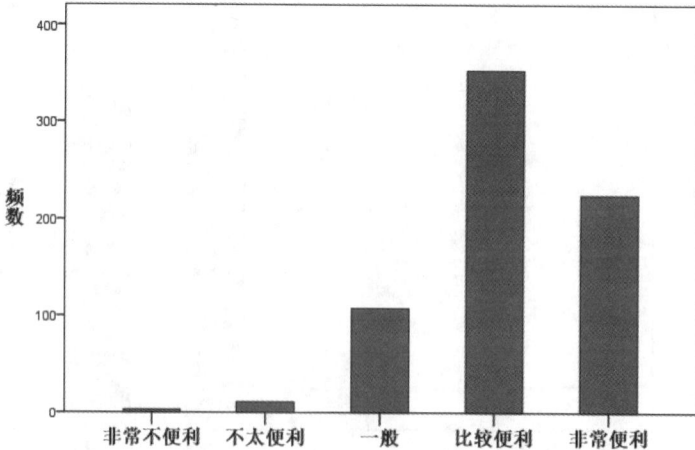

图4-7　商事主体对商事登记的办理手续便利度

6. 商事主体对设立登记预约方式多样、方便快捷的满意度

我们设置"您对设立登记预约方式多样、方便快捷度满意吗？"来了解佛山五区商事主体对商事登记设立登记预约方式多样、方便快捷的满意程度。结果如图4-8所示，选择"非常不满意""不太满意""一般""比较满意""非常满意"的商事主体人次为3、14、107、341和235，分别占比为0.4%、2.0%、15.3%、48.7% 和33.6%，说明总体来看，佛山商事主体对设立登记预约方式多样、方便快捷度满意度比较高，超过八成受访商事主体表示"比较满意"和"非常满意"，但认为满意度一般的超过15%，说明商事登记的办理手续便利度需要进一步优化，另外还有17人次表示不满意。按李克特量表赋值方法，把非常不满意、不太满意、一般、比较满意、非常满意分别赋值为1、2、3、4、5，然后计算商事主体对商事登记设立登记预约方式多样、方便快捷的满意度为4.131分，离满分5分的距离不是特别大。

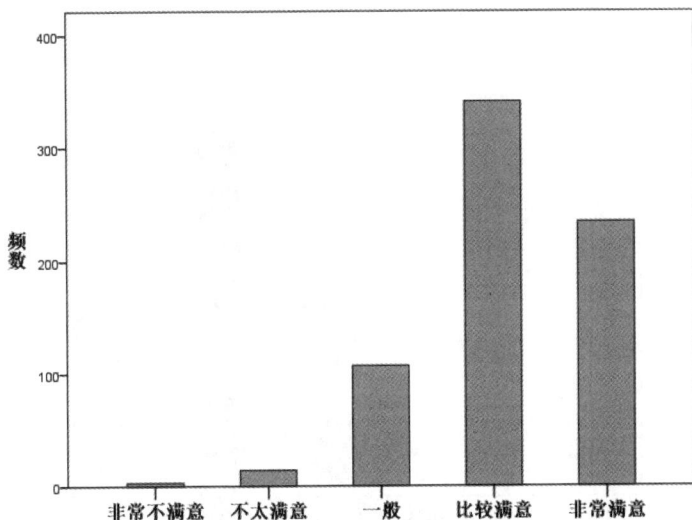

图4-8 设立登记预约方式多样、方便快捷满意度

7. 商事主体对商事登记条件门槛满意度

我们设置"您对商事登记条件低门槛满意吗？"来了解佛山五区商事主体对商事登记条件门槛低、住所要求门槛低的满意程度。结果如图4-9所示，选择"非常不满意""不太满意""一般""比较满意""非常满意"的商事主体人次为2、10、173、334和181，分别占比为0.3%、1.4%、24.7%、47.7%和25.9%，说明总体来看，佛山商事主体对商事登记条件门槛低、住所要求门槛低的满意程度尚可，超过七成受访商事主体表示"比较满意"和"非常满意"，但认为满意度"一般"的接近25%，说明商事登记的条件门槛还可以进一步降低。按李克特量表赋值方法，把非常不满意、不太满意、一般、比较满意、非常满意分别赋值为1、2、3、4、5，然后计算商事主体对商事登记条件门槛低、住所要求门槛低的满意度为3.925分，不到4分，离满分5分的距离有点大。

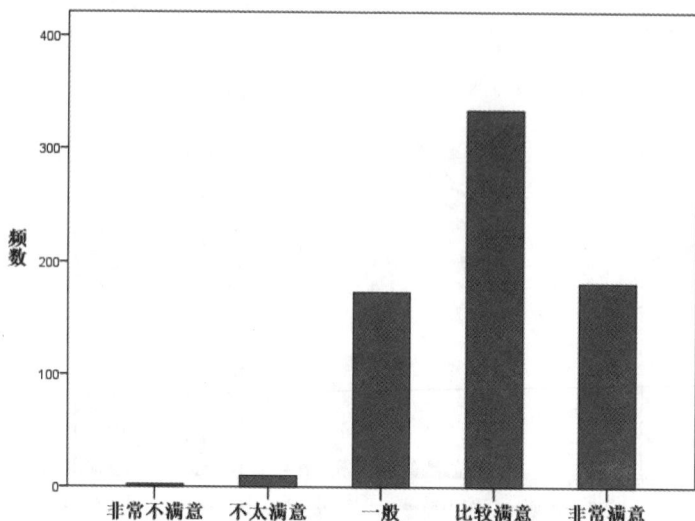

图4-9　商事登记条件门槛低，住所要求门槛低。

8. "24小时智能商事登记系统"满意度

通过调研得知，仅有50.1%的商事主体有使用过"24小时智能商事登记系统"，还有49.9%的商事主体没有使用"24小时智能商事登记系统"，甚至很大一部分是不知道有这个办事系统，这说明政府部门对"24小时智能商事登记系统"的宣传力度还远远不够。

为进一步调查有使用过"24小时智能商事登记系统"的商事主体对系统外观的满意度，我们设置"您觉得'24小时智能商事登记系统'界面清晰美观、设计合理、易于使用。"来测量，具体结果如图4-10所示，选择"非常不满意""不太满意""一般""比较满意"和非常满意的人次分别为4、11、80、177和79，有95人认为系统感观度一般，占比为27.06%，所以，未来还需要下大力气提高系统的外观满意度。按李克特量表赋值方法，把非常不满意、不太满意、一般、比较满意、非常满意分别赋值为1、2、3、4、5，然后计算商事主体对系统外观的满意度为4.982分，离满分5分很近。

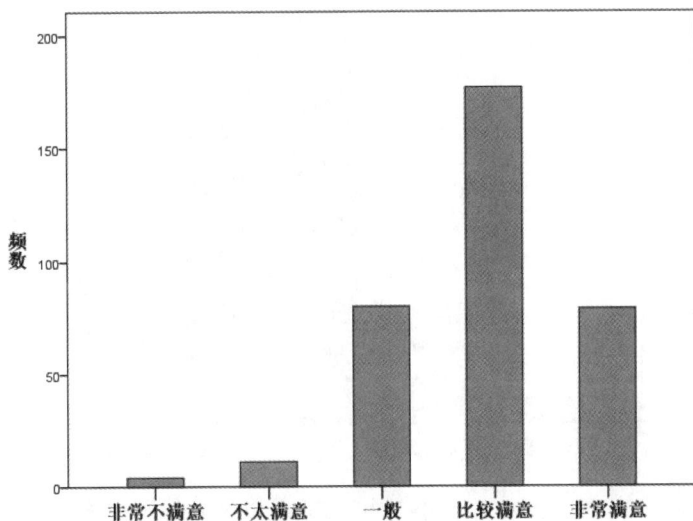

图4-10　商事主体对"24小时智能商事登记系统"外观满意度

　　在进一步通过设置"您觉得"24小时智能商事登记系统"使用时很稳定，没有出现过网页打不开，网页突然崩溃等问题。"来测定商事主体对系统的稳定性的满意度，具体频数见图4-11，其中选择"一般"是最多的，多达41.0%，还有11.4%和2.8%的商事主体选择"不太满意"和"非常不满意"，这说明系统的功能稳定性急需提高。按李克特量表赋值方法，把非常不满意、不太满意、一般、比较满意、非常满意分别赋值为1、2、3、4、5，然后计算商事主体对系统稳定性的满意度为3.422分，离满分5分比较远。

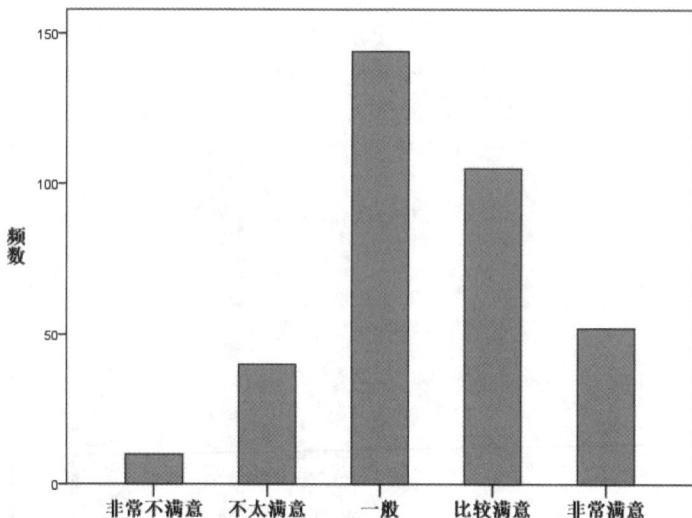

图4-11　商事主体对"24小时智能商事登记系统"稳定性满意度

　　为了了解"24小时智能商事登记系统"给商事主体带来了哪些便利，我们设置"24小时智能商事登记系统"给您带来了哪些便利？"一题来测量。32.38%的商事主体认为"24小时智能商事登记系统"的最大便利就是"跑政府部门的次数少了"，其次有29.01%的商事主体认为"审批效率提高了"，18.89%认为"所需提供资料减少了"，18.21%认为"审批事项减少了"，还有14.84%认为带来了其他的便利。

　　此外，我们还设置了"您觉得系统需要在以下哪几个方面改进？"来了解商事主体在使用"24小时智能商事登记系统"时遇到的困难或者障碍，或者希望"24小时智能商事登记系统"未来改进的地方。20.22%的商事主体认为要改进"操作流程"，18.39%的商事主体认为要改进"咨询回复"服务，15.73%的商事主体认为系统的"办事指南"要改进，13.90%的商事主体认为"申请端口"也要改进，12.92%的商事主体认为要改进"系统设计（尤其是身份识别、实名认证环节）"，还有18.84选择"其他"选项的。

　　9. 预约方式和登记方式分析

通过调研得知，"预约方式"中有 454 人次选择"微信预约"，128 人次选择"网络预约"，两者合计占比 83.1%；其他"电话预约""到实体大厅窗口预约""到实体大厅终端预约"等合计 16.9%，说明在"预约"方式环节中微信和网络受到商事主体的欢迎，同时我们也要注意，一个简单的预约行为，依然有不少人是到线下进行的，当问及原因的时候，基本都是说不知道可以网上预约。这说明要加大力度做好宣传工作，让商事主体知晓并采用网上办理的方式。

我们设置"登记环节，您采用了哪种方式？"来了解商事主体登记方式。商事主体登记环节选择"到实体大厅窗口办理"有 418 人，占比 59.7%；选择"在网上完成办理"的有 77 人，占比 11%；"到实体大厅机器终端办理"有 28 人，占比 4%；选择"线上线下混合"方式的占比为 25.3%。这说明网络预约的比例还不够高，在问及原因的时候，很多商事主体说对网上业务办理流程不熟悉、操作不熟练，使其很难独立找到所有需要修改的地方——也正因如此，许多稍上年纪的商事主体都表示目前的网上业务办理对他们的实际帮助并不大，但是也有很多受访者表示"如果以后发展得好，容易操作的话，当然首选在网上办啦"。有商事主体说线上办理纠错不容易，需多次提交；还有商事主体吐槽道："现场办事比网上人性化，因为出了错误之后，现场可以一次性提出改正，哪里有错就直接改了，而网上的话则要修改几次才能办理好。"这说明网络登记系统有待进一步完善。

10. 商事主体对登记业务办理效率的看法

我们设置"您认为导致商事登记业务办理效率低的最主要原因是？"来了解商事主体对登记业务办理效率的看法。有 41.04% 的商事主体认为"人多、窗少、登记项繁杂"，19.28% 认为"流程设计不够简便和完善"，11.57% 认为"线上办事流程不清晰"，11.57% 认为线上操作过程不顺畅，剩下选择"办证人员激励不足，责任心不够""部门岗位职责分工不清，相互推诿"和"其他原因"合计 16.54%。由此看来，未来提升商事主体对登记业务效率的看法，主要需要从服务大厅的窗口效率出发，减少商事主体等待时间；另外还要进一步简化登记流程、优化线上办事流程以及提升线上操作的顺畅度。

（五）佛山全市商事登记调查问卷反映的主要问题

由以上分析得知，商事主体对商事登记服务流程的熟悉程度分值为3.64、商事主体对佛山企业登记流程的整体满意度分值为3.92、商事主体对工作人员服务态度的满意度分值为4.312、商事登记的办理手续便利度分值为4.119、商事主体对设立登记预约方式多样方便快捷的满意度分值为4.131、商事主体对商事登记条件门槛满意度分值为3.975、商事主体对系统外观的满意度分值为4.982、商事主体对系统的稳定性满意度分值为3.422。商事主体对佛山商事登记的整体满意度比较高，但依然有提升空间，工作人员服务态度也需要进一步提升、商事登记办理手续要更加便利、登记预约和登记方式的满意度还可以进一步提高、网上预约和登记的推广力度可以再大一些、服务大厅的窗口等待时间还可以短一些、登记流程还可以进一步简化、线上办事流程以及线上操作的顺畅度还可以进一步优化。"24小时商事登记系统"功能稳定性满意度分值最低，是首要解决的关键问题。

三、佛山五区商事登记服务满意度调查问卷数据比较

（一）五区商事主体各指标的比较

1. 五区商事主体对商事登记服务流程的熟悉程度比较

表4-3是各区商事主体对商事登记服务流程熟悉程度的统计量比较结果，从中我们得知禅城、南海、顺德、高明的中值和众数都为4，只有三水的中值和众数为3，因我们把非常不熟悉、不太熟悉、一般、比较熟悉、非常熟悉分别赋值为1、2、3、4、5，由此，说明三水商事主体对商事登记服务流程的熟悉程度明显比其他四区的弱。

表4-3 各区服务流程熟悉程度统计量比较

各区	均值	中值	众数	标准差	方差	极小值	极大值
禅城	3.57	4	4	0.881	0.776	1	5
南海	3.61	4	4	0.878	0.771	1	5

续表

各区	均值	中值	众数	标准差	方差	极小值	极大值
顺德	3.73	4	4	0.889	0.789	1	5
高明	3.81	4	4	0.792	0.628	2	5
三水	3.46	3	3	0.778	0.605	2	5

表4-4是各区商事主体对商事登记服务流程熟悉度比较的结果，我们把"比较熟悉"和"非常熟悉"之和定义为"熟悉"，因此禅城、南海、顺德、高明、三水商事主体对商事登记服务流程熟悉度分别为53.3%、58.9%、63.5%、77.4%、39%，高明商事主体对商事登记服务流程最熟悉，三水商事主体对商事登记服务流程最不熟悉。按李克特量表赋值方法，把非常不熟悉、不太熟悉、一般、比较熟悉、非常熟悉分别赋值为1、2、3、4、5，然后计算各区商事主体对商事登记服务流程熟悉度分值，见表4-4，得出禅城、南海、顺德、高明、三水的熟悉度分值依次为3.575、3.608、3.732、3.806和3.463。

表4-4 各区服务流程熟悉度比较（%）（5分制）

程度	禅城 （3.575）	南海 （3.608）	顺德 （3.732）	高明 （3.806）	三水 （3.463）
1 非常不熟悉	0.8	1.3	0.5	0	0
2 不太熟悉	9.0	9.1	8.6	9.7	4.9
3 一般	36.9	30.7	27.4	12.9	56.1
4 比较熟悉	38.5	45.3	44.2	64.5	26.8
5 非常熟悉	14.8	13.6	19.3	12.9	12.2

2. 五区商事主体对佛山企业登记流程的整体满意度比较

表4-5是各区商事主体对佛山企业登记流程的整体满意度的统计量比较结果。从表4-5我们得知南海、顺德、三水的中值和众数都为4；禅城的中值和众数为3，高明的中值为4、众数为5，因我们把非常不满意、不太满意、一般、比较满意、非常满意分别赋值为1、2、3、4、5，由此，说明禅城商事主体对佛山企业登记流程的整体满意度明显比其他四区的弱，值得一提的是高明的众数为5，在一定程度上反映了高明商事主体对佛山企业登记流程的整

体满意度比较高。

表 4-5 各区整体满意度统计量比较

各区	均值	中值	众数	标准差	方差	极小值	极大值
禅城	3.56	3	3	0.739	0.546	1	5
南海	3.99	4	4	0.721	0.519	1	5
顺德	3.96	4	4	0.778	0.606	1	5
高明	4.42	5	5	0.62	0.385	3	5
三水	3.9	4	4	0.625	0.39	3	5

表 4-6 是各区商事主体对佛山企业登记流程的整体满意度比较的结果，我们把"比较满意"和"非常满意"之和定义为"满意"，因此禅城、南海、顺德、高明、三水商事主体对佛山企业登记流程的整体满意度分别为45.1%、78.3%、76.2%、93.6%、75.6%。高明商事主体对佛山企业登记流程的整体满意度为最满意，禅城商事主体对佛山企业登记流程的整体满意度为最不满意。按李克特量表赋值方法，把非常不满意、不太满意、一般、比较满意、非常满意分别赋值为1、2、3、4、5，然后计算各区商事主体对佛山企业登记流程的整体满意度分值，见表4-6，得出禅城、南海、顺德、高明、三水的满意度分值依次为3.558、3.992、3.966、4.23、3.902。

表 4-6 各区整体满意度比较（%）（5分制）

程度	禅城 （3.558）	南海 （3.992）	顺德 （3.966）	高明 （4.23）	三水 （3.902）
1 非常不满意	0.8	0.6	1.0	0	0
2 不太满意	0	0.6	1.5	0	0
3 一般	54.1	20.4	21.3	6.5	24.4
4 比较满意	32.8	55.3	52.3	45.2	61.0
5 非常满意	12.3	23.0	23.9	48.4	14.6

3. 五区商事主体对工作人员服务态度的满意度比较

表 4-7 是各区商事主体对工作人员服务态度的满意度的统计量比较结果，

从中我们得知禅城、南海、顺德、三水的中值和众数都为4，只有高明的中值和众数为5，因我们把非常不满意、不太满意、一般、比较满意、非常满意分别赋值为1、2、3、4、5，由此，说明高明商事主体对工作人员服务态度的满意度明显比其他四区的高。

表4-7　各区工作人员服务态度统计量比较

各区	均值	中值	众数	标准差	方差	极小值	极大值
禅城	4.33	4	4	0.732	0.536	1	5
南海	4.33	4	4	0.645	0.417	2	5
顺德	4.26	4	4	0.729	0.532	1	5
高明	4.61	5	5	0.558	0.312	3	5
三水	4.15	4	4	0.654	0.428	3	5

表4-8是各区商事主体对工作人员服务态度的满意度比较的结果，我们把"比较满意"和"非常满意"之和定义为"满意"，因此禅城、南海、顺德、高明、三水商事主体对工作人员服务态度的满意度分别为91.8%、91.6%、86.8%、96.8%、85.4%，顺德和三水商事主体对工作人员服务态度的满意度都低于90%，其他三区商事主体对工作人员服务态度的满意度都高于90%，而且高明商事主体对工作人员服务态度的满意度还高于95%。按李克特量表赋值方法，把非常不满意、不太满意、一般、比较满意、非常满意分别赋值为1、2、3、4、5，然后计算各区商事主体对工作人员服务态度的满意度分值，见表4-8，得出禅城、南海、顺德、高明、三水的满意度分值依次为4.326、4.331、4.264、4.613、4.141。

表4-8　各区对工作人员服务态度的满意度比较（%）（5分制）

程度	禅城 （4.326）	南海 （4.331）	顺德 （4.264）	高明 （4.613）	三水 （4.141）
1 非常不满意	0.8	0	0.5	0	0
2 不太满意	1.6	0.6	0.5	0	0
3 一般	5.7	7.8	12.2	3.2	14.6
4 比较满意	47.5	49.5	45.7	32.3	56.1
5 非常满意	44.3	42.1	41.1	64.5	29.3

4.五区商事登记的办理手续便利度比较

表4-9是各区商事主体对商事登记的办理手续便利度的统计量比较结果，从中我们得知禅城、南海、顺德、三水的中值和众数都为4，只有高明的中值和众数为5，因我们把非常不便利、不太便利、一般、比较便利、非常便利分别赋值为1、2、3、4、5，由此，说明高明商事主体对商事登记的办理手续便利度明显比其他四区的高。

表4-9　各区办理手续便利度统计量比较

各区	均值	中值	众数	标准差	方差	极小值	极大值
禅城	4.2	4	4	0.749	0.561	1	5
南海	4.15	4	4	0.701	0.491	1	5
顺德	4.03	4	4	0.823	0.678	1	5
高明	4.48	5	5	0.626	0.391	3	5
三水	3.88	4	4	0.714	0.51	3	5

表4-10是各区商事主体对商事登记的办理手续便利度比较的结果，我们把"比较便利"和"非常便利"之和定义为"便利"，因此禅城、南海、顺德、高明、三水商事主体对商事登记的办理手续便利度分别为86.1%、86%、76.2%、93.5%、68.3%，高明商事主体对商事登记的办理手续便利度感觉为最便利，三水商事主体对商事登记的办理手续便利度感觉为最不便利。按李克特量表赋值方法，把非常不便利、不太便利、一般、比较便利、非常便利分别赋值为1、2、3、4、5，然后计算各区商事主体认为商事登记的办理手续便利度分值，见表4-10，得出禅城、南海、顺德、高明、三水的便利度分值依次为4.206、4.145、4.027、4.483、3.878。

表4-10　各区办理手续便利度比较（%）（5分制）

程度	禅城 （4.206）	南海 （4.145）	顺德 （4.027）	高明 （4.483）	三水 （3.878）
1.非常不便利	0.8	0.3	0.5	0	0
2 不太便利	0.8	1.3	3.0	0	0

程度	禅城 （4.206）	南海 （4.145）	顺德 （4.027）	高明 （4.483）	三水 （3.878）
3 一般	12.3	12.3	20.3	6.5	31.7
4 比较便利	49.2	55.3	45.7	38.7	48.8
5 非常便利	36.9	30.7	30.5	54.8	19.5

5. 五区商事主体对设立登记预约方式多样、方便快捷的满意度比较

表4-11是各区商事主体对预约方式多样、方便快捷满意度的统计量比较结果，从中我们得知禅城、南海、顺德、三水的中值和众数都为4，只有高明的中值和众数为5，因我们把非常不满意、不太满意、一般、比较满意、非常满意分别赋值为1、2、3、4、5，由此，说明高明商事主体对预约方式多样、方便快捷满意度比其他四区的高。

表4-11 各区预约方式多样、方便快捷满意度统计量比较

各区	均值	中值	众数	标准差	方差	极小值	极大值
禅城	4.2	4	4	0.812	0.66	1	5
南海	4.14	4	4	0.739	0.546	1	5
顺德	4.04	4	4	0.798	0.636	1	5
高明	4.55	5	5	0.624	0.389	3	5
三水	4	4	4	0.707	0.5	3	5

表4-12是各区商事主体对预约方式多样、方便快捷满意度比较的结果，我们把"比较满意"和"非常满意"之和定义为"满意"，因此禅城、南海、顺德、高明、三水商事主体对预约方式多样、方便快捷满意度分别为84.5%、83.5%、78.6%、93.6%、75.6%，高明商事主体对预约方式多样、方便快捷满意度最高，三水商事主体对预约方式多样、方便快捷满意度最低。按李克特量表赋值方法，把非常不满意、不太满意、一般、比较满意、非常满意分别赋值为1、2、3、4、5，然后计算各区商事主体对预约方式多样、方便快捷满意度分值，见表4-12，得出禅城、南海、顺德、高明、三水的满意度分值依次为4.209、4.137、4.032、4.552、4.0。

表4-12　各区预约方式多样、方便快捷满意度比较（％）（5分制）

程度	禅城 （4.209）	南海 （4.137）	顺德 （4.032）	高明 （4.552）	三水 （4.0）
1 非常不满意	0.8	0.3	0.5	0	0
2 不太满意	2.5	1.6	3.0	0	0
3 一般	12.3	14.6	17.8	6.5	24.4
4 比较满意	44.3	51.1	49.7	32.3	51.2
5 非常满意	40.2	32.4	28.9	61.3	24.4

6. 五区商事主体对商事登记条件门槛、住所要求门槛满意度比较

表4-13是各区商事主体对商事登记条件门槛、住所要求门槛满意度的统计量比较结果，从中我们得知禅城、南海、顺德、高明、三水五个区的中值和众数都为4，因我们把非常不满意、不太满意、一般、比较满意、非常满意分别赋值为1、2、3、4、5，由此，五个区都以比较满意为主，说明五个区的商事登记条件门槛、住所要求门槛基本一致，商事主体们的感受也一致。

表4-13

各区商事主体对商事登记条件门槛、住所要求门槛满意度统计量比较

各区	均值	中值	众数	标准差	方差	极小值	极大值
禅城	3.99	4	4	0.828	0.686	2	5
南海	3.97	4	4	0.751	0.564	1	5
顺德	3.97	4	4	0.772	0.596	1	5
高明	4.23	4	4	0.762	0.581	2	5
三水	3.78	4	4	0.652	0.426	3	5

表4-14是各区商事主体对商事登记条件门槛、住所要求门槛满意度比较的结果，我们把"比较满意"和"非常满意"之和定义为"满意"，因此禅城、南海、顺德、高明、三水商事主体对商事登记条件门槛、住所要求门槛满意度分别为70.4%、74.5%、73.6%、87.1%、65.9%，高明商事主体对商事登记条件门槛、住所要求门槛满意度最高，三水商事主体对商事登记条件门槛、住所要求门槛满意度最低；除了高明，其他四区满意度都低于80%，说明商

事登记条件门槛、住所要求门槛要进一步降低，从而提升商事主体满意度。按李克特量表赋值方法，把非常不满意、不太满意、一般、比较满意、非常满意分别赋值为1、2、3、4、5，然后计算各区商事主体对商事登记条件门槛、住所要求门槛满意度分值，见表4-14，得出禅城、南海、顺德、高明、三水的满意度分值依次为3.987、3.969、3.975、4.226、3.781。

表4-14　各区商事主体对商事登记条件门槛、住所要求门槛满意度比较(%)(5分制)

程度	禅城 （3.987）	南海 （3.969）	顺德 （3.975）	高明 （4.226）	三水 （3.781）
1 非常不满意	0	0.3	0.5	0	0
2 不太满意	2.5	1.3	1.0	3.2	0
3 一般	27.0	23.9	24.9	9.7	34.1
4 比较满意	39.3	50.2	47.7	48.4	53.7
5 非常满意	31.1	24.3	25.9	38.7	12.2

7. 五区商事主体对"24小时智能商事登记系统"外观满意度比较

我们设置"您觉得'24小时智能商事登记系统'界面清晰美观、设计合理、易于使用"来测量商事主体对"24小时智能商事登记系统"的外观满意度。表4-15是各区商事主体对"24小时智能商事登记系统"外观满意度的统计量比较结果，从表4-15中我们得知禅城、南海、顺德、高明、三水五个区的中值和众数都为4，因我们把非常不满意、不太满意、一般、比较满意、非常满意分别赋值为1、2、3、4、5，由此，说明五区商事主体对"24小时智能商事登记系统"外观满意度都比较接近。

表4-15　各区系统外观满意度统计量比较

各区	均值	中值	众数	标准差	方差	极小值	极大值
禅城	4	4	4	0.759	0.576	2	5
南海	3.88	4	4	0.794	0.63	1	5
顺德	3.84	4	4	0.892	0.796	1	5
高明	4.17	4	4	0.753	0.567	3	5
三水	4	4	4	0.795	0.632	3	5

表4-16是各区商事主体对"24小时智能商事登记系统"外观满意度比较的结果，我们把"比较满意"和"非常满意"之和定义为"满意"，因此禅城、南海、顺德、高明、三水商事主体对"24小时智能商事登记系统"外观满意度分别为77.6%、72.6%、70.5%、83.3%、70%，高明商事主体对"24小时智能商事登记系统"外观满意度最高，三水商事主体对"24小时智能商事登记系统"外观满意度最低。按李克特量表赋值方法，把非常不满意、不太满意、一般、比较满意、非常满意分别赋值为1、2、3、4、5，然后计算各区商事主体对"24小时智能商事登记系统"外观满意度分值，见表4-16，得出禅城、南海、顺德、高明、三水的满意度分值依次为4.0、3.874、3.836、4.166、4.0。

表4-16　各区系统外观满意度比较（%）（5分制）

程度	禅城 （4.0）	南海 （3.874）	顺德 （3.836）	高明 （4.166）	三水 （4.0）
1 非常不满意	0	0.7	2.5	0	0
2 不太满意	3.0	3.6	3.4	0	0
3 一般	19.4	23.0	23.5	16.7	30.0
4 比较满意	52.2	52.5	48.7	50.0	40.0
5 非常满意	25.4	20.1	21.8	33.3	30.0

8. 五区商事主体对"24小时智能商事登记系统"功能稳定性满意度比较

我们设置您觉得"'24小时智能商事登记系统'使用时很稳定，没有出现过网页打不开，网页突然崩溃等问题"来测量商事主体对"24小时智能商事登记系统"的功能稳定性满意度。表4-17是各区商事主体对"24小时智能商事登记系统"功能稳定性满意度的统计量比较结果，从中我们得知南海、顺德、高明三个区的中值都为3，禅城和三水的中值为4；禅城的众数是4，南海、顺德和三水的众数为3，高明的众数为2。因我们把非常不满意、不太满意、一般、比较满意、非常满意分别赋值为1、2、3、4、5，由此，说明禅城商事主体对"24小时智能商事登记系统"功能稳定性满意度的中值和众数相对高些，其他四区都比较低，最低的是高明。

表 4-17 各区系统稳定性满意度统计量比较

各区	均值	中值	众数	标准差	方差	极小值	极大值
禅城	3.6	4	4	0.871	0.759	2	5
南海	3.36	3	3	0.909	0.826	1	5
顺德	3.37	3	3	1.065	1.133	1	5
高明	3.33	3	2	1.506	2.267	2	5
三水	3.65	4	3	0.933	0.871	2	5

表 4-18 是各区商事主体对"24 小时智能商事登记系统"功能稳定性满意度比较的结果，我们把"比较满意"和"非常满意"之和定义为"满意"，因此禅城、南海、顺德、高明、三水商事主体对"24 小时智能商事登记系统"功能稳定性满意度分别为 55.2%、38.8%、43.7%、50%、55%，禅城商事主体对"24 小时智能商事登记系统"功能稳定性满意度最高，南海商事主体对"24 小时智能商事登记系统"功能稳定性满意度最低，总体来说商事主体对"24 小时智能商事登记系统"功能稳定性满意度都比较低，说明"24 小时智能商事登记系统"功能稳定性要下大力气提高水平。按李克特量表赋值方法，把非常不满意、不太满意、一般、比较满意、非常满意分别赋值为 1、2、3、4、5，然后计算各区商事主体对"24 小时智能商事登记系统"功能稳定性满意度分值，见表 4-18，得出禅城、南海、顺德、高明、三水的满意度分值依次为 3.594、3.358、3.37、3.333、3.65。

表 4-18 各区系统稳定性满意度比较（%）（5 分制）

程度	禅城（3.594）	南海（3.358）	顺德（3.37）	高明（3.333）	三水（3.65）
1 非常不满意	0	2.2	5.9	0	0
2 不太满意	10.4	10.8	10.9	50.0	10.0
3 一般	34.3	48.2	39.5	0	35.0
4 比较满意	40.3	26.6	27.7	16.7	35.0
5 非常满意	14.9	12.2	16.0	33.3	20.0

（二）佛山五区商事登记服务满意度比较及问题

总体而言，佛山市的商事制度改革卓有成效，办事效率提高和服务更加人性化有目共睹，商事主体的满意度相对提升了不少。但商事登记服务水平依然还有很大的提升空间，从表4-19的分析，我们发现各个题目，即使是排第一的分值也不是特别高，离满分的差距还不小。而各区的分值差距依然存在，各区商事主体的满意度也有差别，其中高明有7个第一，只有系统功能稳定性满意度倒数第一，未来高明应继续提升商事登记系统功能稳定性；顺德得从系统外观上加以完善，从而提升商事主体的体验满意度；禅城整体满意度还有欠缺，得从各个方面进行提升和完善；三水未来需要事先把服务流程告知商事登记主体，以便提升商事主体对服务流程的熟悉度，提升工作人员服务水平，进一步简化手续便利度，加快设立多样登记预约方式，提升方便快捷度，登记条件门槛继续降低。另外，值得一提的是五个区的系统功能稳定性满意度分值都低于4分，最高的是三水区，但其商事主体的满意度分值也只有3.65分，因此，"24小时智能登记系统"功能稳定性急需提高。我们期待佛山能够不断优化商事登记服务，加强"网上办理"建设，以高效的办事效率、周到的服务、良好的营商环境助力佛山经济持续发展。

表4-19 五区各项满意度分值比较

五区	服务流程熟悉度	整体满意度	人员服务态度的满意度	手续便利度	登记预约快捷度	登记条件门槛满意度	系统外观满意度	系统功能稳定性满意度
第一	高明 3.806	高明 4.23	高明 4.613	高明 4.483	高明 4.552	高明 4.226	高明 4.166	三水 3.65
第二	顺德 3.732	南海 3.992	南海 4.331	禅城 4.206	禅城 4.209	禅城 3.987	禅城 4.0	禅城 3.594
第三	南海 3.608	顺德 3.966	禅城 4.326	南海 4.145	南海 4.137	顺德 3.975	三水 4.0	顺德 3.37
第四	禅城 3.575	三水 3.902	顺德 4.264	顺德 4.027	顺德 4.032	南海 3.969	南海 3.874	南海 3.358
第五	三水 3.463	禅城 3.558	三水 4.141	三水 3.878	三水 4.0	三水 3.781	顺德 3.836	高明 3.333

第五章 "互联网+"背景下佛山市商事登记服务满意度的影响因素实证

良好的营商环境是促成地域经济快速发展的重要基础，商事登记是营商环境的重要一环，地方政府通过深化"放管服"改革，不断提升服务能力和水平，激发市场主体生机和活力，而商事登记主体获得感和满意度是最能反映商事登记服务水平的主观指标。本部分研究基于考查商事主体对登记满意度的视角，结合相关理论和区域实践经验，构建商事登记满意度影响要素模型，通过设计科学合理的商事登记主体调查问卷，以佛山市禅城区和南海区为例进行实证分析。

一、研究思路

本部分的研究思路主要包括理论概述、研究设计及模型构建、实证研究、模型检验与统计分析、得出结论和政策建议。具体如下：

第一，理论概述。本研究的理论包括营商环境、满意度等概念，还包含新公共服务理论、公众满意度等理论，因此先对相关概念和理论进行分析，为后面的研究打下基础。

第二，研究设计及模型构建。通过实地调研，构建商事登记主体满意度影响要素模型，并确定问卷调查、研究假设、实证检验等具体方式。

第三，对佛山市禅城区和南海区进行实证研究。根据公众满意度测评的理论及实践经验，编制具体的满意度调查问卷。具体做法为到登记服务大厅向前来办理登记的商事主体发放调查问卷。

第四，模型检验与统计分析。通过 SPSS22.0 软件工具，对问卷数据进行回归分析，并找出影响商事登记主体满意度的影响要素。

第五，得出结论。通过上述的构建模型进行实证分析并得出结论。

第六，政策建议。按照实证结论提出"互联网+"背景下佛山市商事登记服务满意度的政策建议。

二、理论基础

"营商环境"有广义和狭义两种[①]，从广义上讲，营商环境类似于"投资环境"，指为投资主体进行投资活动而提供的各项条件因素的综合，它包含了影响投资行为结果的所有外部条件。狭义上的"营商环境"指深入到中小企业及其整个生命周期，量化评估商业监管对企业生产经营管理活动的影响。本研究认为，优越的营商环境就是政府为市场主体提供标准、规范、便利、高效的政务服务，从而为企业建立良好的运营环境。公众满意度起源于"顾客满意度"，是一种情感上的体验和感受。伍德赛德和戴利（1989）认为顾客满意度是指顾客对所购买商品或服务后表现出来的真实的感受。真斯玛和巴利（1996）认为满意度是顾客在购买产品或服务前的预期效果与实际消费后的真实体验产生差距的认知。本研究把满意度运用到公共管理领域，指公众对公共服务部门提供的服务与预期进行比较后所得到的态度。

新公共服务理论是在新公共管理理论的基础之上演化而来[②]，认为政府官员的职责主要是服务，并让公众满意。顾客满意度测评理论最初是应用在企业营销领域，后来被普遍应用到公共管理领域。主要包括顾客导向的政府观念、全面质量的管理理念、结果导向的政府理念、公共服务的市场化供给以及公众参与政府绩效评价等。本部分内容就是以新公共服务理论为理论基础，以顾客满意度测评理论为出发点来展开研究。

---

① 单青.我国政务服务中心存在问题及改善对策研究[D],燕山大学硕士学位论文,2009

② 康文婷.论商事登记制度改革与商事主体监管制度的有效衔接[D],华东政法大学硕士学位论文，2013

三、研究设计

（一）研究假设

1.政策知晓度对商事主体满意度的影响

政策对商事主体的投资行为的影响一直受到关注，商事主体对政策的落实情况的具体感知中也会存在差异。在持续进行"放管服"改革和优化营商环境工作中，提升政策知晓度、保持政策连续性和稳定性以及形成具有普惠性质的营商环境政策，是有效实现商事主体对政策"获得感"的途径。贾倩（2013）研究指出政策对商事主体的投资行为产生影响。陈丽君（2009）等的研究指出政策知晓度即商事主体对政策内容、价值及其执行方式、落实途径的了解程度越高，商事主体的满意度则越高，因而要提高商事主体在商事登记中的满意度，应该加强政策沟通从而提升民众知晓度。据此作出如下假设，假设1：政策知晓度显著正向影响商事主体的满意度。并用题目"您对企业登记政策的知晓程度"来衡量。

2.感知质量对商事主体满意度的影响

在商事登记制度改革之后，不仅通过实体登记服务大厅提升服务质量，网上登记越来越成为政府为商事主体提供商事登记服务的载体。因此，商事登记服务商事主体满意度不仅是赴实体大厅办事的企业人员在办理事项过程中对自己所接受的服务实效满意程度的主观感知，还表现在网络办理的效果。在国内外的顾客满意度测评模型中，感知质量也都是重要的变量构成之一。吴铱达（2019）研究认为公众对行政审批服务最看重的是办事大厅办事流程是否清晰，是否有办事指南以及办事效率的高低。徐晓林（2019）认为实体服务大厅的办事人员的服务能力、现场配套服务设施建设等都影响群众的满意度。郁建兴（2018）认为在优化营商环境中，进一步"减环节、减材料、减时限"是评判改革成效的重要标志。据此作出如下假设，假设2：登记服务流程的熟悉度正向影响商事主体的满意度；并用题目"您熟悉当前佛山的商事登记服务流程"来衡量。假设3：登记办理手续便利度正向影响商事主体的满意度；并用题目"商事登记的办理手续便利"来衡量。假设4：工作人员的

服务态度、水平正向影响商事主体的满意度；并用题目"咨询商事登记问题时，工作人员服务态度好、解答及时、答复满意"来衡量。假设5：感知改革效果显著正向影响商事主体的满意度；并用题目"您对于登记服务'减环节、减材料、减时限'改革效果感到明显吗"来衡量。

3. 政府规制对商事主体满意度的影响

政府部门的办事人员的规制对营商环境的优化具有显著的促进作用，按规定办公的地方政府更容易引起企业的投资和创新行为。廖福崇（2019）认为政府的合理的廉洁的政府规制能够抑制非制度化的政企联系，割断以"关系网""人际网"为特征的私人化互动，使得企业家将更多时间投入到企业的生产经营活动中，而不是将时间浪费在公关接待、关系疏通等非生产经营活动上。按政府规定办事的地方，主要靠企业实力获得利润而不是靠企业创新，这样的地方政府的营商环境能带来商事主体的更高的满意度。据此作出如下假设，假设6：政府规制显著正向影响商事主体的满意度；并用题目"你觉得办事人员按规定办事吗"来衡量。

4. 电子政务对商事主体满意度的影响

覃耀萱（2020）认为电子政务可以明显减少政府在提供政务服务过程中的腐败行为，同时通过全程电子化操作为商事主体迅速开通、实现各项服务，及时回复商事主体投诉和举报问题，增加双向沟通机制，有利于政府更快地发现和解决问题，为创造更加公平透明的营商环境提供支持。颜海娜（2019）认为电子政务将信息技术运用到公共管理领域，减少了政府部门的繁文缛节，通过信息公开、在线办理大大提升企业服务效率，为再造政务流程、优化政务服务、促进政企互动，提高商事主体的满意度提供了新的技术途径。电子政务通过现代信息技术不仅减少传统官僚程序，还能达到大大提升效率和减少时间成本的效果。据此作出如下假设，假设7：电子政务显著正向影响商事主体的满意度；并用题目"你觉得网上信息公开全面、办事指南详细吗"和"您觉得网上登记互动服务好吗"来衡量。

（二）变量测量

按照研究假设，本部分将政府政策（简记为 ZC）、感知质量（简记为 ZL）、政府规制（简记为 GZ）、电子政务（简记为 ZW）以及商事主体满意度（简记为 MY）作为潜变量，其中前四个为解释变量，企业满意度为被解释变量，一共形成 5 个潜变量。在测量指标上，借鉴参考了前人的部分研究成果，并试图从解释变量的不同角度加以考虑，具体测量指标及编号见表 5-1。

政策知晓度衡量了商事主体对商事登记政策知晓程度的感知情况；感知质量变量主要包括办事流程熟悉度、办事手续便利度、办事人员服务态度与登记服务改革获得感 4 个指标，测量商事主体在商事登记过程中感受到的实际服务效果的满意程度；政府规制主要用办事人员是否按政府规定办理；电子政务变量包括网上信息公开、网上互动 2 个指标，测量了商事主体对在线登记服务的感知程度。对于商事主体满意度，则通过整体满意度来测量商事主体登记服务的感受。

表 5-1 测量指标及参考来源

潜变量	测量指标	指标序号	参考理论来源
政府政策	政策知晓度（15）	ZC	陈丽君（2009）
感知质量	办事流程熟悉度（5）	ZL1	吴铱达、曾伟（2019）
	办事手续便利度（11）	ZL2	吴铱达、曾伟（2019）
	办事人员服务态度（10）	ZL3	徐晓林等（2019）
	登记服务改革获得感（16）	ZL4	娄成武（2018）
政府规制	办事人员是否按政府规定办理（17）	GZ	徐换歌（2020）
电子政务	网上信息公开（18）	ZW1	颜海娜（2019）
	网上互动（19）	ZW2	颜海娜（2019）
商事主体满意度	整体满意度	MY	娄成武（2018）

（三）模型构建

回归模型重要的基础或者方法就是回归分析，回归分析是研究一个变量（被解释变量）关于另一个（些）变量（解释变量）的具体依赖关系的计算方

法和理论，是建模和分析数据的重要工具。本研究主要采用的是一般线性回归，通过回归找出影响因变量的主要的自变量。

用一个方程式来表示它，即 $Y=a+b\cdot X+e$，其中 a 表示截距，b 表示直线的斜率，e 是误差项。

四、实证检验

本部分以佛山市的禅城区和南海区为例进行实证检验，选择理由一是这两个区一直致力于打造一流营商环境，着力提升政务服务环境，已取得一定成效，但仍存在改进空间；二是著者作为课题组成员之一，于 2020 年 9 月—12 月参与了佛山市市场监督管理局委托课题"佛山市商事登记服务满意度调查"，便于开展实地调研并对商事主体进行问卷调查，因此开展商事主体对商事登记服务满意度影响因素研究具有一定的现实基础。

在第四章里，我们已经分析了佛山的商事登记服务现状，这部分通过构建模型的方式来找出影响商事主体满意度的影响因素，以便为提升商事主体的满意度提供决策。

（一）问卷设计与发放

本研究主要采用定量研究法，运用结构式的问卷调查方法，量化地收集商事主体对商事登记服务满意度的评价数据，从而确定佛山市商事主体满意度的影响因素，并发现主要不足和建设方向。定量问卷基于前期建立的指标维度设计，并参考已有的文献研究成果。

问卷内容包含以下几个方面：第一部分为引言，说明调查背景和提示语；第二部分为商事主体的基本情况，主要是性别、年龄、教育程度、登记企业的性质等。第三部为问卷的重点内容，主要是对登记服务的评价，采用李克特五量表形式，对政府政策、感知质量、政府规制、电子政务和商事主体满意度等各项变量进行测量。问卷的调查对象为禅城区和南海区的商事登记主体。问卷的发放都是在得到各登记大厅工作人员允许的情况下，采用随机抽取调查前来办事的商事登记主体而得到的，共发放 300 份，回收完毕进行数据清理、剔除无效问卷后，共得到 266 份有效问卷可用于结果分析。

（二）调查对象基本情况统计

本部分的问卷调查对象的基本信息统计如表 5-2 所示。在 266 个有效收回的调查问卷中，女性占 59.4%，男性占 40.6%，女性比例稍多，比男性多出 18.8%。

表 5-2 受访商事主体基本信息统计结果

项目	类别	频数	百分比（%）
性别	女	158	59.4
	男	108	40.6
年龄	18～24 岁	2	0.8
	25～31 岁	20	7.5
	32～40 岁	76	28.6
	41～55 岁	88	33.1
	56 岁以上	80	30.1
教育程度	高中以下	6	2.3
	高中	106	39.8
	大专	100	37.6
	本科	46	17.3
	硕士	8	3.0
	博士	0	0

从表 5-2 的统计结果看，就年龄而言，被调查者中，18～24 岁的青年商事主体的数为 2，占比 0.8%；25～31 岁群体的商事主体频数为 20，占比 7.5%；32～40 岁群体的商事主体频数为 76，占比 28.6%；41～55 岁群体的商事主体频数为 80，占比 33.1%；56 岁以上群体的商事主体频数为 80，占比 30.1%；从调查的商事主体比例可以看出，商事主体的主力为 32 岁以上，41～55 岁最多。

从表 5-2 的统计结果看，就商事主体受教育程度而言，被调查者中，高中以下的商事主体的数为 6 人，占比 2.3%；高中学历的商事主体频数为 106，

占比 39.8%；大专学历的商事主体频数为 100，占比 37.6%；本科学历的商事主体频数为 46，占比 17.3%；硕士群体的商事主体频数为 8，占比 3.0%；博士群体的商事主体频数为 0；从调查的商事主体受教育程度的比例可以看出，商事主体的受教育程度集中在高中和大专学历，两者合计 77.4%，这与现实情况也是高度吻合的。从表 5-2 商事主体的受教育程度可以看到，高学历水平的商事主体比例依然偏少，这在一定程度上反映到佛山的产业结构中，说明高科技水平的企业依然不足。

（三）直接回归结果分析

由于本研究共有观察测量变量 8 个，具体为熟悉流程、工作人员服务态度好（解答及时、答复满意）、办理手续便利、登记政策的知晓程度、登记服务减环节减材料减时限改革效果明显、办事人员按规定办事、网上信息公开全面（办事指南详细度和网上咨询互动度）。我们先采用线性回归，所有自变量都进入模型来进行分析。结果见表 5-3 和表 5-4。

表 5-3　方差分析

模型	平方和	df	均方	F	Sig.
回归	64.521	8	8.065	30.445	0.000
残差	68.081	257	0.265	——	——
总计	132.602	265	——	——	——

表 5-4　模型系数

项目名称	非标准化系数		t	Sig.
	B	标准 误差		
（常量）	0.405	0.290	1.399	0.163
熟悉流程	0.187	0.056	3.331	0.001
工作人员服务态度好：解答及时，答复满意	0.183	0.066	2.796	0.006
办理手续便利	0.345	0.059	5.867	0.000
登记政策的知晓程度	0.146	0.064	2.272	0.024

续表

项目名称	非标准化系数		t	Sig.
	B	标准 误差		
登记服务减环节减材料减时限改革效果明显	−0.028	0.046	−.614	0.540
办事人员按规定办事	0.114	0.069	1.658	0.099
网上信息公开全面（办事指南详细度）	−0.138	0.056	−2.464	0.014
网上咨询互动度	0.101	0.045	2.254	0.025

从表 5–3 结果得知，模型回归的平方和为 64.521；均方为 8.065；F 为 30.445；Sig. 为 0，说明整体来说，方程可以进行下一步分析。从表 5–4 的结果可知，熟悉流程、工作人员服务态度好解答及时答复满意、办理手续便利、登记政策的知晓程度的显著性分别为 0.001、0.006、0.006、0.024 均小于 0.05，代表具备显著的回归效应。登记服务改革获得感的 Sig 值为 0.540，大于 0.05，说明登记服务改革获得感对于商事主体满意度没有相应的回归效应。办事人员按规定办事的 Sig 值为 0.099，大于 0.05，说明办事人员按规定办事对于商事主体满意度没有相应的回归效应。而网上信息公开全面、办事指南详细的 Sig 值为 0.014，小于 0.05，但是系数方向为负，说明假设得不到验证。网上咨询互动度的 Sig 值为 0.025，小于 0.05，说明网上咨询互动度对于商事主体满意度具有显著的回归效应。由此可知，政府政策中的政策知晓度、感知质量中的办事流程熟悉度、办事手续便利度、办事人员服务态度显著影响商事登记主体的满意度；电子政府中的网上咨询互动度也显著影响商事登记主体的满意度。

（四）信度分析后的回归结果

由于我们在问卷设计的时候，感知质量维度有四个测量指标，电子政务维度有两个指标。下面，我们通过信度检测来观察这两个维度的可靠程度。问卷信度是指测验的可靠程度，从内部一致性系数 Cronbach's α 系数法和组合信度系数两个方面进行检验和评价。Cronbach's α 系数介于 0~1

之间，越接近于 1 表明研究信度越高，当 Cronbach's α > 0.800 时表明该量表信度非常好；Cronbach's α 介于 0.700 至 0.799 之间时表明该量表信度比较好；Cronbach's α 介于 0.600 至 0.699 之间时表明该量表修正后可用；Cronbach's α < 0.600 时表明量表欠佳，最好删除或重新设计。表 5-5 是信度分析结果，表 5-6、表 5-7、表 5-8 分别是感知质量的可靠性统计量、项统计量、项间相关性矩阵。

表 5-5 感知质量和电子政务两维度的信度检验

潜变量	测量指标	题数	Cronbach's α
感知质量	办事流程熟悉度 办事手续便利度 办事人员服务态度 登记服务改革获得感	4	0.711
电子政务	网上信息公开 网上互动	2	0.543

表 5-6 感知质量的可靠性统计量

Cronbach's Alpha	基于标准化项的 Cronbachs Alpha	项数
0.711	0.714	4

表 5-7 感知质量的项统计量

题项	均值	标准偏差	N
熟悉流程	3.71	0.753	266
办理手续便利	4.25	0.781	266
工作人员服务态度好 （解答及时，答复满意）	4.44	0.666	266
登记服务减环节减材料减 时限改革效果明显	3.89	0.839	266

表 5-8 感知质量的项间相关性矩阵

题项	熟悉流程	办理手续便利	工作人员服务态度好解答及时答复满意	登记服务减环节减材料减时限改革效果感到明显
熟悉流程	1.000	0.224	0.254	0.331
办理手续便利	0.224	1.000	0.629	0.469
工作人员服务态度好（解答及时、答复满意）	0.254	0.629	1.000	0.400
登记服务减环节减材料减时限改革效果明显	0.331	0.469	.400	1.000

由表 5-5、表 5-6、表 5-7、表 5-8 可知，感知质量变量及维度的 Cronbach's α 值均在 0.700 以上，说明本变量在数据处理上有较好信度，数据均可用于后续研究。

表 5-9 电子政务的可靠性统计量

Cronbach's Alpha	基于标准化项的 Cronbachs Alpha	项数
0.543	0.545	2

表 5-10 电子政务的项统计量

题项	均值	标准偏差	N
网上信息公开全面（办事指南详细度）	4.02	0.747	266
网上互动度	4.19	0.826	266

表 5-11 电子政务的项间相关性矩阵

题项	网上信息公开全面办事指南详细度	网上互动度
网上信息公开全面（办事指南详细度）	1.000	0.375
网上互动度	0.375	1.000

由表 5-9、表 5-10 和表 5-11 的结果可知，电子政务变量及维度的 Cronbach's α 值均在 0.543，说明本变量在数据处理上信度不好，结合表 5-3 模型系数，我们把"网上信息公开全面办事指南详细度"删掉，然后，重新构建回归模型。结果如下：

表 5-12　第二轮的方差分析

模型	平方和	df	均方	F	Sig.
回归	62.913	7	8.988	33.274	.000
残差	69.689	258	0.270	—	—
总计	132.602	265	—	—	—

表 5-13　模型系数

项目名称	非标准化系数		t	Sig.
	B	标准 误差		
（常量）	0.372	0.292	1.271	0.205
熟悉流程	0.173	0.056	3.074	0.002
工作人员服务态度好（解答及时、答复满意）	0.183	0.066	2.771	0.006
办理手续便利度	0.314	0.058	5.418	0.000
登记政策的知晓程度	0.111	0.063	1.758	0.040
登记服务减环节减材料减时限（改革效果明显）	−0.032	0.047	−.678	0.498
办事人员按规定办事	0.092	0.069	1.335	0.183
网上咨询互动度	0.077	0.044	1.744	0.042

通过剔除"网上信息公开全面办事指南详细度"这题，然后重新回归得到结果如表 5-12 和表 5-13，从表 5-13 的回归分析结果可知，熟悉流程、工作人员服务态度好（解答及时、答复满意）、办理手续便利、登记政策的知晓程度的显著性分别为 0.002、0.006、0.000、0.040 均小于 0.05，代表具备显著的回归效应。登记服务改革获得感的 Sig 值为 0.498，大于 0.05，说明登记服务改革获得感对于商事主体满意度没有相应的回归效应。办事人员按规定办

事的 Sig 值为 0.183，大于 0.05，说明办事人员按规定办事对于商事主体满意度没有相应的回归效应。而网上咨询互动度的 Sig 值为 0.042，小于 0.05，说明网上咨询互动度影响商事登记主体的满意度。由此可知，政府政策中的政策知晓度、感知质量中的办事流程熟悉度、办事手续便利度、办事人员服务态度以及电子政务中的网上咨询互动度都显著影响商事登记主体的满意度。

五、实证研究结论

通过表 5-14 可知，假设 1 "政策知晓度显著正向影响商事主体的满意度"、假设 2 "登记服务流程的熟悉度正向影响商事主体的满意度"、假设 3 "登记办理手续便利度正向影响商事主体的满意度"、假设 4 "工作人员的服务态度、水平正向影响商事主体的满意度"都通过了验证；假设 7 "电子政务显著正向影响商事主体的满意度"部分通过验证；假设 5 "感知改革效果显著正向影响商事主体的满意度"和假设 6 "政府规制显著正向影响商事主体的满意度"则均不通过验证。由此，我们得到以下六个结论：

表 5-14 研究假设验证情况

编号	研究假设	验证
假设 1	政策知晓度显著正向影响商事主体的满意度	通过
假设 2	登记服务流程的熟悉度正向影响商事主体的满意度	通过
假设 3	登记办理手续便利度正向影响商事主体的满意度	通过
假设 4	工作人员的服务态度、水平正向影响商事主体的满意度	通过
假设 5	感知改革效果显著正向影响商事主体的满意度	不通过
假设 6	政府规制显著正向影响商事主体的满意度	不通过
假设 7	电子政务显著正向影响商事主体的满意度	部分通过

第一，政府政策知晓度对商事登记主体满意度显著正向影响。通过回归分析发现政府政策知晓度的 Sig 值为 0.040，小于 0.05，说明政府政策知晓度对于商事主体满意度回归效应较好，相应的系数为 0.111，说明，后续提高佛山商事登记主体满意度得提高登记政策的知晓度。

第二，登记服务流程的熟悉度对商事登记主体满意度显著正向影响。通

过回归分析发现登记服务流程的熟悉度的 Sig 值为 0.002，小于 0.01，说明登记服务流程的熟悉度对于商事主体满意度回归效应较好，相应的系数为 0.173，说明，后续提高佛山商事登记主体满意度得提高商事登记主体对服务流程的熟悉度。

第三，登记办理手续便利度对商事登记主体满意度显著正向影响。通过回归分析发现登记办理手续便利度的 Sig 值为 0.000，小于 0.01，说明登记服务流程的熟悉度对于商事主体满意度回归效应很好，相应的系数为 0.314，说明，后续提高佛山商事登记主体满意度，那么提升登记办理手续便利度是重中之重。

第四，工作人员的服务态度、水平对商事登记主体满意度显著正向影响。通过回归分析工作人员的服务态度、水平的 Sig 值为 0.006，小于 0.01，说明工作人员的服务态度、水平对于商事主体满意度回归效应较好，相应的系数为 0.183，说明，后续提高佛山商事登记主体满意度得提高工作人员的服务态度、水平。

第五，感知改革效果对商事登记主体满意度影响不显著。通过回归分析感知改革效果的 Sig 值为 0.498，大于 0.05，说明感知改革效果对于商事主体满意度回归效应不好。

第六，政府规制对商事登记主体满意度影响不显著，具体是办事人员办事规则不影响商事登记主体的满意度。通过回归分析政府规制的 Sig 值为 0.183，大于 0.05，说明政府规制对于商事主体满意度回归效应不好。

最后，电子政务中的网上咨询互动度对商事登记主体满意度显著，通过回归分析网上咨询互动度的 Sig 值为 0.042，小于 0.05，但系数为 0.077，有点小，这主要与我们的调查对象有关，我们的调研是线下登记服务大厅，对象是线下登记的商事主体。

六、政策建议

按照上述回归结果以及所得结论，我们从影响商事登记主体满意度的角度出发，建议从以下几方面加以提升和完善：第一是加大宣传力度，传播登记办理政策的知晓度。第二是通过再造服务流程，审批事项做到应减尽减，该取消审批的应及时取消，能合并都合并，真正实现流程简便化，缩减办理时限，在政务服务上也应一视同仁，不可设置歧视性附加条件；真正压缩流程，真正实现手续便利化，让登记主体真正实现一次成功。第三是提高工作人员服务水平。第四是通过网上服务为商事登记服务赋能，提升网上咨询的便利度，让商事主体能更便利、更低成本地获取公共信息、公共政策。

第六章 "互联网+"背景下佛山市商事登记业务流程问题透视

本章主要从商事登记行政审批流程本身、问卷调研商事主体满意度、现场走访调研及课题组亲身体验等四方面来挖掘佛山市商事登记业务流程存在的问题。

一、商事登记行政审批流程本身存在的主要问题

诚然，佛山自施行商事制度变革以来，专门针对企业登记条件过高、开办企业链条过长、证照办理流程过繁、市场监管效能过低等突出问题，对标国际先进规则，率先在全国施行商事制度变革，大大降低企业注册登记的门槛。比方，落实执行注册资本认缴制，认缴制是相对实缴制来说的，所谓认缴制是指企业开办者可以自主决定填写资本数量，相关机构不再到企业实地调查资本情况，公司也不需要提交资金验证资料；其次是实现企业一照一码，遵循先照后证原则，是指企业只要获得营业执照便可开展经营活动，然后在经营期间再申请需要的相关许可证书，不必再像以前那样得拿到许可证书后才可以进行商事登记，这间接地为企业打造了更稳定、更高效的社会市场环境；再次就是已经大大降低了企业经营场所条件要求，相较以往的企业住所登记，简化了场地登记的手续，企业只要能提供其经营场所合法合规的证明材料就可进行正常的商事登记；最后一个就是企业名称改革政策，为了实现企业核名工作的高效运作，开放了企业名称数据库，制定了规范的企业名称搜寻对比体系，这样企业管理人员可以更快捷地对企业名称进行比对，防止

出现名称重复现象，极大地简化企业注册登记流程，从而节约时间成本。

虽然，佛山在商事制度革新上作出了很多努力，也取得了不错的成绩，但商事制度改革还有进一步提升的空间。根据相关资料整理，我们得知在商事登记办理业务中，政府办事部门对材料的要求非常详细，程序是非常严谨的。其中内资有限责任公司的申请材料有10项之多，住所又做了更为细致的划分，审批环节依然较多。商事主体办事成本依然较高，如一次驳回，需要再次从头开始申请。也就是当办事人第二次补交资料时需要从最先第一步开始，再把所有流程走一次；根据所需材料复杂的情况，绝大多数商事主体还是选择了窗口办理，可见窗口的业务承载量过大。通过对于问卷的分析和调查，大部分的市民都知道有线上登记的系统，但是很少会使用，多数还是选择来到窗口前台办理，这样效率明显不够快。

二、从商事主体满意度挖掘商事登记业务流程存在的问题

在当下社会，我国政府开展各项工作的目的在于，为社会大众谋取更多公共利益，为社会各界提供优质的公共服务，满足他们的真实需求。商事登记流程的优化本身就是为商事主体大众服务的，那么提出的改善流程就应该以商事主体满意度作为衡量指标。地方政府得把群众满意度放在首要位置，侧重对政府服务的水平、质量、效率、效果等四个方面进行全方位的考察。由办理业务的商事主体对商事登记流程的不同节点进行打分。从而提高商事服务满意度，增强商事主体的获得感和参与感。

为了掌握佛山商事主体对政府服务的满意度，我们设置了题目即"你对于佛山企业登记流程的满意度"，分别到佛山五区的登记大厅进行问卷调查，结果如图6-1所示。从图6-1我们得知佛山群众对于企业登记流程"非常满意"的比例仅仅为9.74%，占比还不到10%，相对较低；而选择"比较满意"的占比为46.10%，占比较高，说明佛山的商事登记服务总体还是不错的。选择"不太满意"和"非常不满意"的合计为13.64%，占比接近14%，说明佛山的商事登记服务还有比较大的提升空间。而有30.52%的群众表示一般满意，理由是窗口没有标准答案，部分窗口人员态度不好，上传资料与面对面核对

时不一样,其中最多人反馈的就是企业名字审核难以通过,有时线上办理企业注册的时候,同音不同字的名字也是不允许通过的,必须来到线下窗口办理,还有部分商事主体对"个体户核名"一定要来前台办理表示特别不满意。

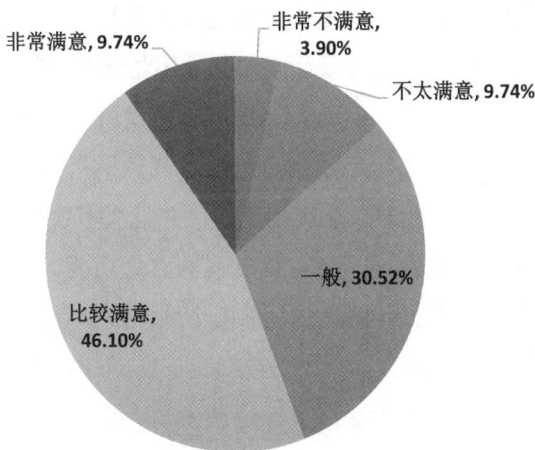

图6-1 佛山市群众对登记流程满意度情况

通过对商事主体满意度进行分析,从而挖掘出商事登记业务流程存在的问题有以下几点。

第一,网上审批系统并未达到预期的工作效果,审批服务还没到位,群众满意度较低。还有就是行政审批规范不统一,出现信息孤岛问题比较严重,商事主体反映虽然佛山已经成立了政务服务中心,但市与镇之间有时上下互不联系,互不沟通;一些行政审批部门规定行政审批的要件、标准相差很大,办理同一件事在市里需要提供这样的材料,到乡镇又需要提供另一套材料。

第二,群众对线上的商事登记系统的感受都普遍一般,觉得系统存在的问题还比较多,认为还有待改善,其中最为严重的就是网页突然崩溃,以及网页打不开的问题。但是不能否认登记系统的好处,就是确实能减少跑政府部门的次数。

第三,行政审批环节不简化。目前部分行政审批服务事项涉及部门多、

环节多、前置条件多、申报材料多，导致办事烦琐、办结时限较长。

第四，线上线下要求不一致，影响市场主体办事进程。主要反映在企业办理注销业务时需要清税证明，线上和线下要求的材料内容没有明确一致，有时群众到线下办理商事登记的时候，发现会有材料缺失，而这些缺失的材料是网上办理所需材料没有要求的，导致群众要多跑一次。

第五，商家线上注册登记现象不够普遍。除了企业名称网上自主申报率较高外，商事主体选择网上登记或全流程电子化登记的现象还不普遍。此外，由于部门或地区间信息化水平有差距，部分地区全程电子化登记平台运行过程中，经常出现商事主体登记申请延迟推送，或者推送至各相关部门的信息不完整导致审批部门无法及时开展审批工作。并且大多数平台在功能设计中，没有设计专门用于对审批部门开展审批过程的监管功能，导致系统无法对各审批部门改革落实情况进行评估。并且佛山市线上商事登记系统还不够成熟，存在的问题尚未解决，大部分群众还是选择线下到窗口办理业务。

总之，伴随着广东和佛山对商事登记制度的大力改革，企业的注册资本实行认缴制，住所实行简化放宽登记、经营范围实现自主录入及减少后置许可，名称实行自主核名申报，将"先证后照"改为"先照后证"，从"三证合一""五证合一"推进到"多证合一"，这些都体现着商事登记的门槛大幅降低，从上述的满意度中也可以得知商事主体的满意度还是相当高的。当然，广东包括佛山在内的商事登记制度改革依然还有比较大的提升空间，而进一步优化是企业注册登记服务优化的深化，最终实现企业注册登记全流程的"减环节、优流程、压时限、降成本、提效率"的目标，是进一步深化商事制度改革和推进"放管服"的需要。

三、问卷调查调研存在的主要问题

（一）"24小时智能商事登记系统"满意度调查

首先，我们专门针对"24小时智能商事登记系统"设置了几道题目，目的为了调查商事主体的使用情况及遇到的困难。本次调查有效收回700份问卷,具体题目和结果见表6-1。

表6-1 关于"24小时智能商事登记系统"满意度调查

次序	题项	选项	对应的占比
1	您有使用过"24小时智能商事登记系统"办理相关业务吗?	A. 有 B. 没有	A.50.5% B.49.5%
2	您觉得"24小时智能商事登记系统"界面清晰美观、设计合理、易于使用吗?	A. 非常满意 B. 比较满意 C. 一般 D. 不太满意 E. 非常不满意	A.21.45% B.49.10% C.25.58% D.2.84% E.1.03%
3	您觉得"24小时智能商事登记系统"使用时很稳定,没有出现过网页打不开,网页突然崩溃等问题吗?	A. 非常满意 B. 比较满意 C. 一般 D. 不太满意 E. 非常不满意	A.14.55% B.30.65% C.41.56% D.10.65% E.2.60%
4	您觉得"24小时智能商事登记系统"给您带来了哪些便利?	A. 跑政府部门的次数少了 B. 审批事项减少了 C. 所需提供资料减少了 D. 审批效率提高了 E. 其他	A.63.16% B.35.53% C.36.84% D.56.58% E.2.89%
5	您觉得系统需要在以下哪几个方面改进?(多选题)	A. 办事指南 B. 操作流程 C. 审批效率 D. 咨询回复 E. 申请端口(电脑端、手机App端) F. 信息安全 G. 系统设计(尤其是身份识别、实名认证环节) H. 其他	A.30.68% B.39.45% C.25.21% D.35.89% E.27.12% F.10.68% G.20.55% H.5.48%

从表6-1的第一道题得知,50.5%受调查的商事主体有使用过"24小时智能商事登记系统"办理相关业务,49.5%的受访者表示没有使用过,这说

明"24小时智能商事登记系统"知名度不高，地方在政府及相关部门宣传还不算到位，接近一半的商事主体还是停留线下，也即在办事大厅办理业务。而且在派发问卷的过程中，通过对商事登记大厅的观察，发现有些办事大厅甚至还没有关于"24小时商事登记系统"的宣传。

从表6-1中的第二道题得知，49.1%受调查的商事主体对"'24小时智能商事登记系统'界面清晰美观、设计合理、易于使用吗？"选择"比较满意"；选择"非常满意"的占比21.45%；选择"不太满意"和"非常不满意"合计不到4%，说明"24小时智能商事登记系统"的界面清晰美观度、设计合理度、易于使用度都是不错的。而对于题目3，也就是您"觉得'24小时智能商事登记系统'使用时很稳定，没有出现过网页打不开、网页突然崩溃等问题吗"；选择"不太满意"和"非常不满意"合计接近14%，说明商事主体在使用系统的过程中存在不顺畅的情况；具体对24小时商事登记系统使用时的稳定性上，只有45%的人认为使用稳定，不易崩溃；而在访谈中有不少商事主体觉得系统卡顿、系统无法显示、容易崩溃、系统办理成功率低等，部分用户在使用的时候体验不佳。为了掌握系统能带给商事主体的便利体现在哪里，我们设置了第四道题——您觉得"24小时智能商事登记系统"给您带来了哪些便利？这道题是多选题，63.16%的受访者都选择了"跑政府部门的次数少了"，排第二位的有56.58%选择了"审批效率提高了"。

为了后续提出有针对性的建议，我们设置了题目5——您觉得系统需要在以下哪几个方面改进？从表6-1可知，39.45%选择了"操作流程"、35.89%选择了"咨询回复"；而较少商事主体选择的是"信息安全"，仅占10.68%，说明商事主体对政府是比较信赖的，大部分商事主体不担心个人信息是否会因此而丢失，但在调查的过程中，还有部分群众明显存在着还不是很相信网上行政审批的心理，有些公众对将身份信息、房产证件等材料上传到"24小时智能商事登记系统"的做法心存疑虑，担心信息的安全得不到保障，还有些公众对网上行政审批的流程是否能实现心存质疑，宁愿选择传统的窗口受理方式，认为"纸上的东西更可靠"。此外，在问卷统计中也发现有不少商事主体希望增加线上办理的模板作为参考，也有商事主体在人脸识别环节遇到了问题。

综上所述，当前还有相当部分的商事主体在使用24小时商事登记系统时，不熟悉系统使用，认为需要增加办理业务时候的说明，或者增加办理的模板，对照着模板填写信息办理业务。在操作 24 小时商事登记系统时，办理有些繁杂，需要更加简便些。遇到问题的时候咨询也没能得到及时的回复。而对于系统设计，人脸识别总是会有些像是光线过亮无法识别的问题。这些小问题的存在，都说明了 24 小时商事登记系统功能还需要继续得到完善，才能更好地去服务用户。

（二）佛山企业注册登记速度提升还有空间

自十八大以来，中央高度重视营商环境建设，各级政府也都在加大力度深化营商环境改革，从审批流程的缩减、审批体系的完善等方面来加快公司注册办理流程速度以及提高商事登记主体的满意度。当前，佛山正在进行产业经济转型升级，并逐步完善金融经济体系，试图通过先进技术手段来完善产业结构。为了提升佛山的产业水平，吸引更多优质的高新企业落户，佛山各级政府在商事制度改革方面下足功夫，不断完善公司注册登记流程、缩短企业注册的时间、为商事主体登记业务提供便利。而商事主体注册登记时间的缩短、登记的便利、商事主体的增长，对于建成服务高效、管理规范、成本低廉的营商环境，具有举足轻重的作用。本部分通过调查问卷形式来分析和研究商事主体如何看待佛山市商事登记办理手续便利程度。具体情况分析如下：

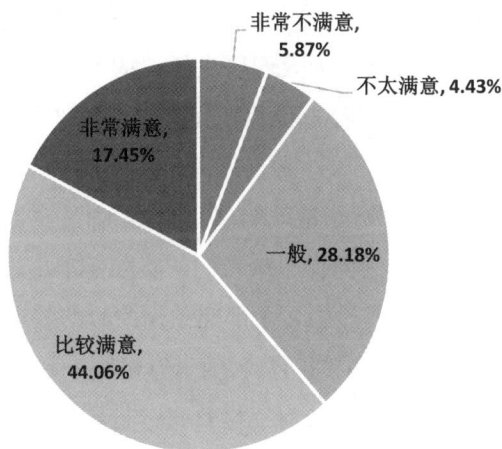

图6-2 佛山市群众对商事登记便利度认可情况

通过图 6-2 可以看出，佛山市的群众对于商事登记便利度情况普遍是满意的，有 61.51% 的群众对商事登记流程的便捷度是满意的，有 28.18% 的群众是表示商事登记业务流程一般便捷。还有 10.30% 的群众对商事登记便利度选择了"不太满意"和"非常不满意"，认为需要提高商事登记业务流程的便捷度，其中通过访谈中得知他们就政府办事效率方面比较不满意。由此，我们可以清楚地看出佛山商事登记业务流程的便捷度还有待提高。为此，我们应根据商事主体反馈的问题和实际情况进行业务流程的简化和提速，比如可以启用"登记注册身份验证"手机 App，联网全国企业登记身份管理实名验证系统，实行企业登记身份管理实名验证，从而有效遏制冒用他人身份证信息办理注册登记的违法行为；也可以开展无纸全程电子化登记，进一步提升市场主体登记便利化、规范化、信息化水平，让市场主体和群众办事更方便、更便捷、更高效，当前佛山基本实现商事登记全程电子化，实现商事主体"足不出户办执照、点点按键交资料"、努力做到全程"零见面"。

（三）佛山商事注册登记与"互联网+"必然融合

当今社会已然进入大数据时代，互联网信息技术已经渗透到了人们日常生活的方方面面，也让人们的生活生存方式发生了翻天覆地的变化，"互联网+"正以极快的速度与各行各业融合；政府部门也应意识到只有插上"互联网+"的翅膀才可以更好地满足大众需求，为其提供更优质服务。当前的政府部门必须与"互联网+"融合，为人们提供便捷的政务服务，做到真正地与时俱进，打造真正的服务型政府。要形成真正服务型政府，政府必须做到"创新"，也就是通过与"互联网+"融合来提高办公效率，为人们提供更全面的服务；政府还得做好"服务"，这就要求政府提供服务，而不是索取服务，要求切实以为人们解决实事为前提，从人们的实际需求出发提高服务质量及水平；政府要部门串联，改变过去各个部门独立为政的弊端，通过"互联网+"技术的不断发展进步，把各个部门资料信息有机统一起来，实现信息全方位、全天候的共享共用，进而提高政府工作效率，打破信息壁垒，从而实现便捷服务的目标；此外，政府部门通过互联网技术可以更好地落实信息公开政策，加强政府部门和人民大众之间的交流,同时也可通过互联网获取大众的投诉意见等,这样可以实现政民和谐发展。

具体到政府提供的商事制度,也迫切要求政府适应"互联网+"的政务服务变革,以互联网的思维进行商事制度革新,比如商事注册登记涉及了工商、公安、税务、银行等跨部门的多部门政务服务,运用"互联网+"技术对企业注册登记的流程进行再造,加速企业登记电子化,实现企业信息化的登记、审批、公示,这是"互联网+"这个翅膀的体现。此外,政府应该注重如何按照实际情况重新设定网上企业注册流程的问题,通过调研和考察商事主体的现实需要,让各个部门都能够同时运用关联信息,真正高效开展审批流程工作,为社会各界提供便利的服务。

四、现场走访调研存在的主要问题

问卷调查旨在调查佛山商事主体对商事登记服务的满意度,而现场调研则主要是对办事大厅现场软硬件及现场服务工作人员的服务态度等进行实地考察,现场调研涉的大厅见表6-2。现场调研的队伍由课题组老师和学生组成。现场调研组对表6-2的办事大厅逐个进行深入考察,历时18天。总共深入调研了18个登记中心,其中禅城区2个、南海区7个、顺德区6个、高明区1个、三水区2个;各个大厅的地点、窗户数及每天线上预约号源数量的具体情况见表6-2。此外,课题组在进行问卷调查过程中也对部分商事登记主体进行访谈。

表6-2 调研的登记大厅情况

序号	名称	地点	所属街	窗口数	每天线上预约号源数量
1	佛山市禅城区市场监督管理局登记许可分局祖庙登记中心	广东省佛山市禅城区卫国西路7号	祖庙	9	252

序号	名称	地点	所属街	窗口数	每天线上预约号源数量
2	佛山市禅城区石湾镇街道工商登记服务大厅	佛山市禅城区澜石一路与汾江南路交叉路口往西约50米（利豪名郡西北侧）	石湾	1	112
3	南海区行政服务中心（左）	广东省佛山市南海区桂城南新三路24号	桂城	4	40
4	桂城行政服务中心	广东省佛山市南海区南港路8号桂城街道行政服务中心	桂城	15	225
5	罗村行政服务中心	广东省佛山市南海区狮山镇罗村府前路3号行政服务中心三楼	狮山	4	74
6	盐步行政服务中心	广东省佛山市南海区大沥镇盐步穗盐路时代广场内1层 大沥镇盐步行政服务中心一楼	大沥	4	58
7	大沥行政服务中心	广东省佛山市南海区大沥镇振兴路54号大沥行政服务中心一楼	大沥	4	65
8	西樵行政服务中心	广东省佛山市南海区西樵镇登山大道7号	西樵	6	95
9	丹灶行政服务中心	广东省佛山市南海区丹灶镇金沙金兴路七号一座丹灶镇行政服务中心2楼	丹灶	5	81
10	佛山市顺德区行政服务中心	广东省佛山市顺德区大良街道德民路行政服务中心	大良	6	90
11	顺德区大良街道行政服务中心	广东省佛山市顺德区大良街道县东路	大良	8	140
12	顺德区北滘镇行政服务中心	广东省佛山市顺德区北滘镇新城区明政路1号	北滘	6	105
13	龙江行政服务中心	广东省佛山市顺德区龙江镇龙洲西路文化中心	龙江	5	104

续表

序号	名称	地点	所属街	窗口数	每天线上预约号源数量
14	乐从行政服务中心	广东省佛山市顺德区乐从镇兴乐路 163 号	乐从	7	135
15	杏坛行政服务中心	广东省佛山市顺德区杏坛镇杏龙路 329 号	杏坛	6	118
16	高明区行政服务中心	广东省佛山市高明区行政服务中心三楼	荷城	7	100
17	三水区行政服务中心	广东省佛山市三水区西南同福路 10 号（明富昌体育馆对面）西南（区）行政服务中心	西南	6	42
18	西南街道行政服务中心	广东省佛山市三水区西南街道河口车仔路 18 号	西南	4	48

（一）人力资源配备问题

1. 部分服务中心服务人员配备不足

我们调研发现部分服务中心服务人员配置不足，比如南海区西樵行政服务中心，大厅入门处可看到咨询处，负责咨询的工作人员认真负责，但由于人流量较多有时会出现无人接待的情况。还有比如北滘行政服务中心，根本抢不到号，说明中心人员配备不足。

2. 办事人员素质需要进一步提升

在现场调研过程中，有些受访商事主体对部分行政服务中心的服务颇有抱怨。其中有位女性商事主体就提到："工作人员外观都很不错，但是服务的态度和质量还有待提升。"

比如有商事主体反映桂城行政服务中心办事说话不够清晰；北滘行政服务中心，部分办事人员不熟悉流程，不能及时正确回答商事主体提出的问题。因此，佛山商事登记服务中心需要工作人员在服务质量方面加强。

另外，调研人员也发现，部分服务大厅准点才开门叫号，有商事主体建议，可以提前进去拿号，后面到点就立马开展业务，使行政效率更快，让业务"秒批"，让流程更简化，让市场主体满意度更高。

（二）硬件设施设备问题

1. 硬件设施还需进一步提升

一些内部服务设施也要进一步提升，比如大良行政服务中心座椅比较少，但人流量较大；顺德区杏坛镇行政服务中心地方不大，填写资料的地方没有椅子，没有照相的地方，没有饮水机；容桂行政服务中心有饮水机但是没有装上水；还比如大良市场监督管理局门口有五台机器，其中有一台不能使用，管理局内无打印机等。还比如，南海区狮山镇松岗行政管理服务活动中心，有终端机 1 台，可正常使用，但是离窗口较远，需要绕出去；一楼配有复印台和拍照的地方，但是拍照的机器又无法使用。南海区狮山镇松岗行政服务中心，地方不大，前来办理商事登记的人比较多，各个窗口没停过，但没发现自助终端机。部分中心的硬件要尽快提升起来，比如南海区行政服务中心的叫号机只有 LED 显示屏没有叫号语音，这会给视力较差的商事主体带来不便，因此要尽快增加语音功能，让办事主体不会错过关键信息。

2. 部分服务中心缺少办事全景式流程图

商事登记流程图实际就是用图形方式来反映实际商事登记业务的整个过程，流程图能帮助办事主体清晰明了地知道办事的全部过程，既能让办事主体心中有数，又能帮助清晰业务进程。在我们现场调研中，发现大部分服务中心都有流程图，但也发现比如桂城行政服务中心缺少注册登记的流程图，祖庙行政服务中心缺乏关于全景式操作流程的指引，高明行政服务中心也没有全景式办事流程图，容桂行政服务中心也没有看到全景式办事流程图。

3. 部分中心窗口数量充足，但开放率不高

在调研中，我们发现部分服务大厅出现窗口暂停现象，比方三水区行政服务中心设置的窗口数量较为充足，但正常开放率较低。该中心，共计 10 个

窗口，其中 8 号窗口上午下午都未显示开放，2 号窗口下午未显示开放。其实该中心每个服务窗口都标出了很具体的业务类型，但是设置充足的窗口数量，并没有显著缩短商事主体办理业务的等候时间，平均耗时多于 25 分钟。一方面，有大量的商事主体前来办理事项；另一方面，窗口的实际开启率不高，许多窗口基本处于"暂停服务"状态，也没有工作人员处于待岗中。尽管等候的时间比较长，但在采访中，大部分商事主体对佛山商事登记满意度还是持肯定态度的。一位商事主体表示，我们也不能要求太高了，因为该登记大厅办理业务的等待时长已经比以前快很多了。

　　还比方三水区西南街道行政服务中心也存在窗口数量多但开放率不高的状态。该中心，共计 6 个窗口，本来窗口就不多，还有 1 个停止服务，不仅没有充分利用场地资源，还损耗办事的效率，三水区西南街道行政服务中心平均耗时也超过 20 分钟。

（三）线上槽点问题

1. 线上办理系统容易崩溃

　　由于遇上了疫情，政府政务服务进一步被要求通过线上办理完成，当前商事主体可以通过 App、网上办事大厅、小程序等"互联网 + 政务"平台办理相关业务，未来线上办理政务的趋势必然更加广泛。这样一来，就必然要求有满足"不见面、不跑腿"网上办事的强大的办事系统。当前，通过我们的调研得知佛山商事主体对线上商事登记系统的吐槽还比较多。首先表现为办事系统不稳定，界面不是很友好，操作不够方便等。有的商事主体直接说"线上系统不行"太差了，容易崩溃，速度也慢，点下的页面半天出不来。被问及线上操作的时候遇到什么障碍，很多都提到说是系统不稳定，有时出现"系统在修复"字样；也有多次被系统"驳回"的情况，这样办事的商事主体颇感不满。比如祖庙登记中心、石湾镇街道工商登记服务中心、盐步行政服务中心、大沥行政服务中心、罗村行政服务中心都有商事主体提及这个问题。

　　另外，南海区丹灶行政服务中心被反映"商事签"功能不够齐全，有些业务还是要到线下去办理，反映系统经常人脸无法识别，显示光线太亮。西

樵服务中心有商事主体反映，对于一些不熟悉流程的人不太友好，在自助网络设备里不知道该如何填写信息，我认为应在自助网络设备区域加入些引导性的提示。

2. 线上办证宣传不足，群众知晓率依然偏低

在现场调研访谈中，有多位商事主体被问及为何到现场办理登记手续的时候谈道："我不知道可以网上办理，应该很多人都不晓得网上能办吧？"侧面说明网上办证宣传依然不够，大众的知晓率仍然偏低。

3. 线上办事指引不清晰，客服服务不到位

首先是网上办理的指引不够清楚、细致、清晰，说明的文字比较专业化，商事主体比较难懂，因此这些指引的存在与没有区别不大，对办事主体的帮助不大。调研中，遇到不少的商事主体吐槽线上办理太过机械，不够智能，也不能准确地告知办事者哪里有错，或者哪里缺什么材料，只会一味被系统"退回"或者"驳回"，办事者得从头到尾再重新来一遍，也就是说"系统只会非常机械地告诉你要修改，至于修改哪里得自己思考……"比如三水服务中心商事主体反映网上操作缺乏相关规范说明，也缺乏相应的填写资料的相关模板。

然后，就是线上客服人员专业知识不足，缺乏专业技术技能，所以经常给出的建议针对性不强，这也给商事主体带来了不少困扰，有时还会出现答复前后矛盾的情况。还有一些商事主体提到："电话咨询人员仅仅是提供咨询的，想进一步办事还得寻找其他的渠到""现在通过线上办理事情，当然方便了很多，但是一旦文件出错或者资料不齐，就总是被打回，然后线上又没有工作人员及时解答，折腾几次，就索性放弃办理了，就又重新回到现场柜台办理了""我要办理的业务我看电脑上也是能办的，但是很多资料系统都说不清楚，所以费事折腾，就还是来到线下窗口办理""线上服务客服人员效率太慢，有时等待很久还没回复，另外就是线上程序的指引及说明都太少了，有时还看不明白、办理起来好烦琐等"……总之就是线上指引不准确、不清晰，客服答复不及时、沟通不顺畅，导致线上办理魅力大减。

4.线上线下业务办理信息不一致

三水区行政服务中心，群众反映网上办理与线下办理所需资料有差异，线上线下业务办理信息不一致，有商事主体反映"我去网上查了，上面写了只需要交一份材料，现在工作人员告诉我需要两份或三份，我现在还得回去继续准备，你说，它要是一开始直接告诉我需要什么材料我不就不用白跑这一趟了不是吗？"，导致线下不承认线上提供的资料，认为其资料不足。线上办理因此变得没意义，始终都要来到线下进行注册登记。

5.线上可办理的业务有限，有些业务办理耗时长

在调研过程中，我们获悉有很多商事主体都提到商事登记系统只能办理注册登记，不能办理注销登记，因此，有很多企业需要注销的也只能跑到登记大厅进行现场办理。

6.线上操作App太多

在调研中发现，网上办事系统和手机办事App太多了，祖庙登记中心、石湾镇街道工商登记服务中心、盐步行政服务中心、大沥行政服务中心、罗村行政服务中心都有不少商事主体反映不知道该用哪个，感觉好混乱，怕用错，就直接到现场来办理了。

7.网办率依然偏低

从问卷调查以及现场走访看，佛山商事登记的网办率依然偏低，部分原因是政府对全程电子化登记宣传和引导不够，商事主体对全程电子化的网上登记系统操作缺乏了解。无纸化申办模式需要电子签名和身份认证，办理方式相对复杂，导致通过网上登记、全程电子化登记来办理商事登记的占比不高，此外也有部分原因是系统外观不够友好以及功能稳定性还不够好，使得难以真正实现企业创办全程网上办，"零见面"和"零跑动"还没完全实现，改革红利没有充分释放。

（四）事后监管严格惹争议

除了走访服务大厅，课题组还专门登门拜访了部分商事主体。部分商事

主体提到现在市场准入门槛已经比过去低了很多，服务效率也提高了不少，但是监管却严格了很多，这对于新创企业家来说无形中又是另外一种负担，政府上门察看的次数和检查的部门数量都在呈增长趋势，而且认为这会影响到他们企业的业绩和日常经营管理，也会给客户带来一些不好的印象，客户看到政府部门来检查，以为企业有不好的事情发生。

五、课题组亲身体验线上登记存在的主要问题

（一）课题组体验线上商事登记过程

课题组成员通过采用手机浏览器、电脑浏览器和微信公众号进行线上登记体验，每种方式的体验如下：

1. 用手机浏览器进行线上登记体验

打开手机浏览器，进入佛山市市场监管理监督局网站，点击"24小时智能登记系统"，事先进行了注册环节，所以直接输入账号密码，然后遇到了"无法选择行业"，无法进行下一步了。

2. 网页浏览器登记进行线上登记体验

打开电脑浏览器，进入佛山市市场监管理监督局网站，寻找"24小时智能登记系统"，系统在网络的左下方（位置不明显，办事者不容易找到），然后按照步骤一步一步进行，总算登记成功。但网页上的操作指南过于复杂，且仅列出各个功能的说明，显得过于专业且无整个办事流程的描述，感觉过于复杂（应面向普通用户对操作指南进行优化）。

3. 微信公众号佛山市场监管进行登记问题汇总

课题组成员有了用手机浏览器和网页浏览器操作的经验后，微信公众号操作起来就感觉相对熟悉些，但当完成登记之后，在商事签环节，法人和监事都完成商事签后，整个登记的公司却无法通过商事签，导致三天后被撤销；此外，调研组发现后续的刻章、发票、社保、公积金、银行开户等业务可以跳过，但是系统没有提示不用填写，让用户在这里耗费了许久时间。

(二)课题组线上商事登记体验的主要归列

1. 办理的业务类型区分度不够清晰,用户感觉模模糊糊;

2. 字号填写的时候出现错误,而系统提示错误不清晰,导致用户不知道自己所填的材料错在哪里;

3. 无论手机浏览器、电脑浏览器还是微信公众号在提交成功之后,系统都会卡住十几秒,导致用户以为没提交成功而连续按提交按钮,从而可能导致系统更慢或者系统崩溃。此外,商事签小程序居然有好几个。

4. 课题组成员尝试用住宅地址进行登记,发现居然能顺利通过,基本的审核和配对都没有,甚至具体地址不填写也通过了。

六、提升商事主体对佛山市商事登记服务满意度的建议

(一)加强窗口服务人员队伍建设

第一,配给足够的窗口服务人员数量。通过行政力量向窗口倾斜,可以考虑新进公务员需先在窗口锻炼至少一年,并建立给予窗口人员一定补贴以及评优升职优先考虑的制度,吸引优秀人员留在窗口,为群众提供优质服务。

第二,提升服务人员素质。通过强化政策与业务培训的方式提升服务人员的素质,从而提升商事主体的满意度。在调研中发现一些服务中心人员偏少而业务量偏多,每天完成的任务较重,服务人员中出现部分业务素质不过硬的现象,因为窗口业务涉及法律法规条文等比较多,窗口人员都是边办业务边学习,一定程度上影响了工作效率。建议市局应该多组织窗口人员参加全方位系统的业务培训,同时在日常登记工作中,定期或不定期开展商事登记制度改革内容及相关政策文件学习,深入领会服务型政府理念,进一步为商事主体提供专业服务。此外,还可以通过建立考核奖惩机制的方式来提升工作人员的服务意识;根据日常工作中服务态度、办结量、咨询回复、满意度评价等数据,定期或不定期对窗口部门及受理人员进行考核,并定期公示考核结果;对于考核优秀的部门和个人,通报表扬并加以物质奖励,对于考核不太理想的部门和个人,对相关部门负责人进行约谈并督促整改;同时完

善免责机制，对于窗口人员非因自身原因引发的投诉或是败诉等情况，不追究窗口人员的责任，免去窗口人员正常工作的担忧。

（二）提升服务大厅硬件设施

通过实地走访调研，课题组成员发现佛山市所调研的各个政务服务大厅大体上已满足了商事主体的办事需要，每个登记大厅都安排了服务前台人员为商事主体提供咨询服务，也划出了舒适的等候位置。但不同服务大厅从外观建筑、装修风格、面积大小、等候区的舒适度都有不同程度的差别，有的服务大厅硬件设备相对完善，有相应的取号、叫号机、自助一体机、有的有电脑供办事主体自主使用、有的有饮水机等，但有的服务大厅的设施不够完善，比如座椅缺失、等候区拥挤、窗口数量少、办事流程全景式流程图缺失等，这些都需要得到提升。总体来说，佛山五区的服务大厅硬件设施都需要提升，可以进一步体现出轻快、便捷、舒适。

（三）增强实现全程电子化赋能建设

互联网信息技术成为全程电子化登记全面实施的契机。而借助信息技术为全程电子化登记赋能，就必须将大量的数据相连，实现身份认证、材料提交、资质查验、行政审批等操作的在线化。这种将传统提交纸质材料的形式升级为提交电子档案的形式，不仅可以降低各项成本，还能大大提高了商事登记效率，从而提升了商事主体满意度。而实现全程电子化登记赋能要加大在全程电子化登记平台建设方面的改革力度，首先要求有技术过硬的线上办理系统，其次要加大线上办证的宣传力度，此外还要加强线上办理指引及线上及时到位的客户服务，确保线上线下业务办理信息的一致性，进一步拓宽线上服务覆盖的领域，缩短业务办理耗时，提升 App 程序应用的统一性，增强公信力。

（四）完善事后监管方式

通过建立涉企信用数据库，把企业注册资本实缴情况、企业基本信息、市场监管部门荣誉、行政处罚情况、企业许可审批信息、部门违法违规情况、环保情况、企业年报信息中涉及的资产负债表、利润表等数据并入企业信用信息公示系统；争取网上监管为主，现场监管为辅，最大限度完善事后监管方式，减轻企业经营压力。

（五）探索建立（经营场所）申报和公示平台

鉴于课题组在商事登记体验中发现的"用住宅登记甚至具体地址也不填写都能通过登记"情况，建议考虑建立（经营场所）申报制和公示平台，不仅能减轻住所成本、降低住所门槛，还能通过公示平台确定住所信息的真实性及现状。详细方法是以政府的名义设立一个关于屋宇使用信息的注册和公示平台，全市范围内的房屋产权人可以在该公示平台上注册并实名认证，已办理房产证的由住建部门、未办理房产证的由乡镇（街道）或村（居）委会等进行后台审核，审核通过后屋宇产权人能够将其房屋权属证明文件上传至该平台上对外公示，有效提高信息查询便利度和真实性。若一个屋宇被用于商事主体住所登记的，由房屋产权人将该房产的使用租赁情况在平台上进行公示。若该信息可以由商事登记机关直接提取，申请人则无需再提供相关证明。商事登记机关也可以通过该平台，将已搬离原地址、未登记新地址的市场主体列入异常名录，新的商事主体可以直接以该地址作为住所（经营场所）申请登记。

第七章 国内外商事登记流程再造的比较借鉴及启示

一、国内商事登记流程

因我国商事制度的演进过程在第一章导论已介绍了，即清政府以来的整个历史情况，这部分侧重于 20 世纪 90 年代以来的商事制度改革历程，以便与下面的国外商事登记制度历史沿革有所对应。

商事制度改革是我国的一项重要政策，在十九大报告提到："全面实施市场准入负面清单制度……激发各类市场主体活力。进一步深化商事制度改革，打破行政官僚垄断，防止巨头企业市场垄断，加快发展要素价格市场化改革，放宽服务业准入限制，完善中国市场环境监管体制。"我国商事制度改革相对比较迟，直到 2013 年 2 月在中国共产党召开的十八届二中全会上才提出了"改革工商登记制度"的要求，我国的商事制度改革才正式拉开帷幕。接下来，咱们首先梳理我国商事制度发展的改革历程，而后介绍我国商事制度改革获得的成就，最后详细分析国内的商事制度改革的案例。

（一）国内商事制度改革的历程

1. 国内 20 世纪 90 年代以来的商事制度改革的历程

虽然商事制度改革是 2013 年才被提出的，但它其实是从行政审批改革发展而来的，早在 20 世纪 90 年代就已经拉开了改革的序幕。我国的商事制度

改革我们大体把它划分为四个阶段：

第一阶段（20世纪90年代到2000年）：这个阶段从20世纪90年代开始，主要是以深圳市为代表的一些地方政府先行试点探索，并取得了一定的成效。

第二阶段（2001年到2012年）：2001年起，国务院办公厅印发《关于成立国务院行政审批制度改革工作领导小组的通知》和《关于取消第一批行政审批制度项目的决定》，标志着商事制度改革在全国范围内正式推进。

2012年商事登记改革前，主要以管理为核心，2012年开始商事登记制度改革后则从"管理"向"服务"转变，以"服务"为核心的商事制度改革席卷全国，极大地推动了商事登记行政审批流程的发展。

第三阶段（2013年到2017年）：从2013年开始，中央把加快转变政府职能、简政放权作为第一件大事来抓，把深化行政审批制度改革作为全面深化改革的重要支撑点和突破口。

首先，2013年2月，党的十八届二中全会决定改革工商登记制度，放宽工商登记条件，加强对市场主体和市场活动的监督管理；然后是10月国务院审议通过了《注册资本登记制度改革方案》，标志着顶层商事制度改革形成；接着是11月十八届三中全会要求工商注册制度进一步便利化，并要求加强市场监管体系，尤其是企业登记以后的市场监管；12月十二届全国人大六次会议审议修改的《公司法》则取得了突破性进展，其中一个大变化就是把原来的注册资本实缴登记制改为认缴登记制，并且取消注册资本最低限额制，以此为商事主体进入市场的门槛提供法治保障。2014年国务院更是修改了《公司登记管理条例》《企业法人登记管理条例》等8部行政法规，废止了2部行政法规，正式启动商事登记制度在全国铺开。2015年9月国家市场监督管理总局协调37个中央部门就信息共享和协同监管达成一致意见，这为2016年的"全国一张网"的实现打下基础。

总的来说，第三阶段这五年的商事制度改革成就显著，主要表现在：第一是推动工商注册便捷化；第二是实施证照合一改革；第三是进行"先照后证"改革；第四是完善企业退出机制；第五是设立企业信息公示制度；第六是全面推进"双随机、一公开"监管制；第七是建成"全国一张网"；第八是全力推进信息共享与协同监管。

第四阶段（2018 年到现今）：这个阶段属于深化商事制度改革的阶段，是商事制度改革转入攻坚的阶段。党的十九大报告再一次强调，必须加快完善社会主义市场经济体制改革发展。事实上，党的十八大以来，商事制度已然发生根本性的变化，为市场主体的繁荣和发展提供了制度保障，但随着改革的推进，相对容易改的事项都已经基本完成了，剩下的都是比较难改的部分，因此说这个阶段是商事制度改革的攻坚期，需要进一步强化改革定力、强化创新突破、强化部门协同、强化政策落地，需要政府部门有自我革命的精神，才有可能出现新亮点，获得新的突破。

这个阶段已完成的主要有四件大事：第一是全面推进"证照分离"改革，大幅减少行政审批，拟实行"照后减证"。同时，进一步规范"多证合一"改革，及时下发全国统一的"多证合一"的相关清单，进一步降低企业办证耗时，降低企业准入成本。第二是，大力发展推进中国企业进行登记全程电子化和电子营业执照应用。进一步提高企业登记无纸化智能化水平，真正实现企业登记全流程网上办理。积极推动电子商务牌照的跨区域、跨部门和跨行业应用，建立市场主体身份认证服务体系，努力提供在"互联网＋"环境下实现"一照走天下"便捷服务。第三是，改革企业名称核准制度，赋予企业名称选择自主权，也进一步优化设计企业名称查询系统，提高企业名称登记的速度。第四是，进一步发展完善市场经济主体退出制度。优化商事主体注销登记制度，简化企业推出市场的登记程序，推动简易注销在全国范围内推开。

到 2020 年，国务院办公厅将发布《关于深化商事制度改革进一步为企业松绑减负激发企业活力的通知》，从四个方面出台 12 项改革措施，具体内容包括推进我国企业开办全程网上办理、推进注册登记管理制度发展改革取得新突破、简化相关涉企生产公司经营和审批条件和加强事中事后监管，这样才能充分释放社会创业创新的潜力，激发企业的活力。此外，还得进一步降低制度性交易成本，进一步降低市场进入门槛，进一步完善市场监管机制，改善营商环境，激活市场主体信心。

2. 国内商事登记制度改革大事

我国商事登记制度改革是在 2013 年 2 月的十八届二中全会上正式被提出

的，到现在已经经历了探索、加速、成果固化的过程。经过了短短 8 年时间，我国商事登记制度完成了从法律、行政法规到部门规章的顶层设计，也得到了中央、人大、国务院、地方政府等的层层落实，整个改革过程出台了很多文件办法，具体见表 7-1。

表 7-1 2013 年以来我国商事登记制度改革事件

序号	时间	会议 / 机构	具体改革事件
1	2013.2	十八届二中全会	会议公报提出多项改革措施，其中之一是工商登记制度改革。
2	2013.2	十八届二中全会	放宽工商登记条件，加强对市场主体、市场活动监督管理。
3	2013.10	国务院	审议通过了《注册资本登记制度改革方案》，确立了商事制度改革总体设计。
4	2013.10	国务院	做出推进公司注册资本登记制度改革，放宽市场主体准入，创新政府监管方式的部署，制定了放宽注册资本条件、企业年检制度改为年度报告制度、放宽市场主体登记条件、大力推进企业诚信制度建设、推进注册资本由实缴登记制改为认缴登记制的措施。
5	2013.11	十八届三中全会	十八届三中全会要求推进工商注册制度便利化，改革市场监管体系，实行统一的市场监管。
6	2013.12	十二届全国人大六次会议	十二届全国人大六次会议审议修改了《公司法》，明确将公司注册资本实缴登记制改为认缴登记制，取消公司注册资本最低限额制度，为推进商事制度改革提供了法治保障。
7	2014.2	国务院	国务院决定修改《公司登记管理条例》《企业法人登记管理条例》等 8 部行政法规、废止 2 部行政法规，确保改革依法推进。
8	2014.3	国家市场监督管理总局	工商登记制度改革正式在全国启动，正式拉开了改革的序幕。

续表

序号	时间	会议／机构	具体改革事件
9	2014.6	国务院会议	工商登记改为先照后证，会议取消和下放了52项行政审批事项，前置审批事项改为后置审批的事项有36个。国务院下发了《关于促进市场公平竞争维护市场正常秩序的意见》，要求坚持放管并重，实行宽进严管，完善市场监管体系。
10	2014.7	国务院常务会议	《企业信息公示暂行条例》发布
11	2014.8	国家市场监督管理总局	发布企业公示信息抽查、企业经营异常名录管理、个体工商户年度报告等5部规章
12	2015.6	国务院	《国务院办公厅关于加快推进"三证合一"登记制度改革的意见》出台，全面推行"三证合一"登记制度改革，由工商、质检、税务三部门分别核发证照，变为"一照一码"登记模式。
13	2015.10	国务院	《关于"先照后证"改革后加强事中事后监管的意见》出台，协同监管为原则，理顺市场监管职责，加强事中事后监管，防止出现监管真空。明确了"谁审批、谁监管，谁主管、谁监管"的市场监管原则，初步构建了事中事后监管新模式。
14	2015.12	国家市场监督管理总局	制发了严重违法失信企业名单管理办法，夯实了对企业"严管"的制度基础。
15	2016.10	国务院	在"三证合一"的基础上，又实施了企业"五证合一、一照一码"改革。
16	2016.12	国务院	实施个体工商户营业执照和税务登记证的"两证整合"。
17	2017.1	国务院	发布《"十三五"市场监管规划》，提出了市场监管的新理念，确立了六项监管原则，为市场监管工作描绘了宏伟蓝图。
18	2017.3	国务院	全国范围实施企业简易注销登记改革，推动市场准入和退出全程便利化。 小微企业名录升级改版，实现对小微企业的集中查询和扶持信息的集中公示。

续表

序号	时间	会议/机构	具体改革事件
19	2017.8	国务院	公布《无证无照经营查处办法》，调整了监管查处范围，明确了监管部门职责。
20	2017.10	国务院	全国范围内实施"多证合一"改革。
21	2018.12	国务院	《关于印发全国深化"放管服"改革转变政府职能电视电话会议重点任务分工方案的通知》(国办发【2018】79号)，简政放权、创新监管、优化服务，精简审批事项，建立全过程监管系统，推行市场主体简易注销改革。
22	2020.9	国务院办公厅	《关于深化商事制度改革进一步为企业松绑减负激发企业活力的通知》，明确提出四个方面改革举措，一是推进企业开办全程网上办理。二是推进注册登记制度改革取得新突破。三是简化相关涉企生产经营和审批条件。四是加强事中事后监管。

按照中央的总体改革战略，表7-1仅仅列举了部分重要事项，足以看出中央顶层设计及对商事制度改革的重视程度。佛山市积极贯彻各项改革部署，2012年5月，佛山顺德颁发全国第一张商事登记营业执照；2015年9月，佛山市颁发符合国家"三证合一""一照一码"18位编码标准的第一张营业执照；2017年2月，佛山颁发广东省首个具有金融功能的电子营业执照；2018年3月，佛山压缩整合优化企业登记四大环节，率先实现全国创业时间缩短至5天；2018年6月，佛山在全国率先运行24小时智能商事登记系统，全面构建自助服务终端、微信、PC、窗口的商事登记服务体系，实现全天候服务。2018年9月，佛山输出全省第一张通过移动版24小时智能商事登记系统申请办理的营业执照。2021年3月，佛山颠覆全国行政审批领域功能，实现首创"证照合一，一企一照"，实现"证照联办，一照通行"。

(二)国内商事登记制度改革案例

随着中国改革开放的实践，从中央到地方各地政府各个地区的商事登记再造的实践不断丰富起来，各个地方都有着结合实际的具体办法措施，这些实践，对继续深化商事登记制度改革有良好的参考价值。下面我们详细介绍深圳、广州、东莞、武汉、杭州等地的案例。

1. 深圳案例

广东是改革开放的前沿阵地，在商事制度改革方面也是冲锋在前。广东商事制度改革主要有两种模式，一是深圳、珠海制定特区立法的特区模式；另一种是佛山、东莞、广州的非特区模式。

深圳市头衔很多：是改革开放经济特区，是一夜间崛起的城市，也是中国特色社会主义先行示范区等，总之深圳就是一座不平凡的城市。改革开放四十三年过去，深圳也从一个落后的小渔村变成了国民向往的国际大都市，其经济发展速度、经济转型升级等都站在了中国的潮头。深圳改革开放以来，一直充任改革先锋的角色。在商事制度改革和营商环境建设方面，深圳也是不断摸索，深入贯彻落实党中央、国务院有关"深化商事制度改革"的战略部署。

通过调研得知深圳商事登记大厅特色显著：第一，地理位置便利，深圳市各政务服务登记中心，无论是传统的老社区还是新建的新社区，其登记服务大厅所在的位置都十分便利。第二，设施先进齐全，登记服务大厅内部设施先进齐全，有茶水间、卫生间、舒适的休息座椅、复印机、自助照相机、自助服务电脑、政务服务一体机，甚至设有母婴室，有些甚至设置了巨型LED屏幕、5G体验区和智能机器人提供业务咨询服务，还有些提供了贴心的充电设施、"便民箱"和咖啡厅等；大厅的功能区明确划分为办公区、休息区、数据填充区、自助服务区和咨询台；大厅外部设有停车场。

改革开放已有40多年，如今的深圳不再是当年那个不知名的小渔村了，现在大量世界知名企业在深圳扎根发芽了，自主研发创造的智能手机和无人机等高科技产品比比皆是，深圳企业数量与质量都快速发展。深圳企业数量发展速度惊人，据《2019年深圳统计年鉴》显示，1979年深圳企业总数仅为501家，其中内资企业497家，外资企业4家；1999年，深圳企业数量激增10万多家；2009年，深圳企业总数超过30万家。2012年深圳商事制度改革

前夕，其商事主体总量为99.4万户。商事制度改革开启后，仅2013年3月，深圳的商事主体就迅速突破100万，2015年8月就突破了200万。截至2020年5月底，深圳全市累计共有商事主体337万户，其中企业211.3万户、个体户125.7万户。按深圳市统计局发布的深圳市2019年常住人口1343.88万人计算，全市每千人就产生企业157.2户。虽然企业的数量不能完全解释经济发展的整体实力，但可以反映深圳营商环境的吸引力，以及投资者选择深圳风险投资的信心和对深圳未来发展的稳定预期。深圳企业走品质质量发展道路，商事制度改革的脚步从没停过，按照中山大学《深化商事制度改革研究》课题组的研究结果显示，深圳市商事制度改革力度大，成效好，是唯一一个取得2019年优秀水平得分（85分及以上）的城市。深圳产业结构也在不断优化升级。

深圳通过商事制度改革取得了哪些成绩？

企业开办全链条"秒批"。2020年3月，深圳打通各业务部门的数据，进行衔接，整合各部门的业务表单，由过去跳转登录多个政府办事服务平台，不断升级为申请人仅需登录一个重要平台，填报一次网络信息，一天时间之内即可办结企业开办全部手续，并可预约银行开户，这些都通过"开办企业一窗通"平台来实现。深圳的"开办企业一窗通"系统有四个显著特点，具体为1个环节申报、1天内办结、零费用和零跑动，真正实现开办企业全程电子化，无需提交纸质资料更无需跑动。深圳在商事制度改革的路上始终追求卓越，继续进一步深化"无感申报""秒批"等特色政务服务的应用场景，加强登记信息、电子证照、申报材料等数据资源的互信互认互用，推进"秒报秒批一体化"，真正实现企业全链条无人值守智能审批，比如实现"秒批"服务，"秒批"登记，开办企业全链条"秒批"。

为企业设立"一站式"服务，为了方便企业和公众随时随地取得营业执照，深圳市政府在各区行政服务大厅、各银行分行、街道和社区部署了自助设备，申请人也可以同时通过微信平台进行线上企业申请，自助机线下"刷脸"领照的方式进行申领，30秒内即可实现完成公司营业执照自助领取。

简化企业注销流程，深圳推动企业普通注销便利化改革。在全市范围内推出个体工商户注销"秒批"，个体户注销十几秒即可搞定。以市场监管局和国资委联合发文形式，制定下发了《关于市属国有"僵尸企业"办理注销的指导意见》，创新性开展国有"僵尸企业"清退工作，从而为市属国有"僵尸企业"注销提供了法律依据、案例模仿及操作指引。深圳还在全国首创了除名制和依职权注销制，主要体现在《深圳经济特区商事登记若干规定》中增加了商事主体除名和依职权注销的制度设计。

　　构建以信用为核心的新型商事登记体制，具体包含深入推进"证照分离"登记改革，地址申报制度改革，推进"一照多址"改革，也即企业申请的营业执照可同时登记住所和本市范围内的多个经营场所，经营场所免于办理分支机构登记，切实减轻企业运营成本。实施个体工商户变更经营者改革，允许个体工商户办理变更经营者登记手续，个体工商户的经营场所保持不变，有关审批文件仍然有效的，在办理变更经营者登记时无需提交有关场所的批准文件。实行"深港通、深澳通注册易"服务，申请人可以委托香港、澳门的合作发展银行或其他国家机构，进行业务管理咨询、材料初审、网上企业申报、远程控制审批、邮寄办照，足不出港澳一站式办理深圳的商事主体登记、开通一个基本信息账户、验资、刻制公章等业务。根据权限创建退市制度和注销制度。规定商业主体被列入经营异常名录或者被标记为经营状态异常满两年且近两年未申报纳税的，商事登记机关可以将其摘牌。商事主体退市后，主体仍然存在，仍需办理清算注销手续；被依法吊销营业执照、被依法责令关闭、被依法撤销设立登记或者被依法撤销名称的商事主体，在六个月内未申请注销登记的，商事登记机关可以依职权予以注销，商事主体资格随之消灭；允许特殊情形代为注销。试行企业"休眠"制度，允许商事主体根据社会生产管理经营发展实际申请"休眠"，"休眠"期间不按自行停业处理，不因通过信息登记的住所无法直接联系而载入经营活动异常名录，"休眠"期满前可以提交自主申请恢复正常经营环境状态。休眠期内商事主体除不从事生产经营管理活动外，仍然具备商事主体的其他合法权益，如可以通过申请注销登记。休眠期间，商事主体应当履行相关义务及接受相关部门监管。建设各类知识产权窗口，提升涉企服务效能和服务效率。2021年6月率先展开商

事登记行政确认制，率先放宽特定领域市场准入、独立公平竞争审查等十个改革试点。

深圳通过一些类似的改革举措，取得了非凡的成绩，同时，也降低了商事主体的市场准入门槛，促使商事主体数量激增，也能较好处理"僵尸企业""虚假登记""失联企业"等问题，当然改革还没结束，深圳在商事制度改革的路上仍然处于探索和努力中。

2. 广州案例

广州地处中国南部、珠江下游、濒临南海，也叫"羊城"，有"千年商都"的美誉，是中国通往世界各地的南大门，是粤港澳大湾区、泛珠江三角洲经济区的核心城市，也是一带一路的中心枢纽城市，是中国当今重要的核心城市和国际商贸中心之一，具有举足轻重的政治和经济地位，中央推广和施行试点各项政策实施的先锋，也是中国经济发展的领头羊。

通过调研得知广州商事登记大厅的特点有：第一，商事服务大厅的地理位置优越，大多毗邻地铁站或公交车站，还设有专门的停车场，大大便利了前来办事的商事主体。第二，商事大厅内部设施完备，有 LED 屏幕、取号机、电脑、自助打印机、自助照相机、政务服务一体机等设施，还有些大厅内还配置了机器人智能语音服务。便民设施舒适到位，空调、卫生间、茶水间、座椅、母婴室俱全，有些还引入了餐厅、中介公司、书吧等人性化服务。大厅内部功能区域划分清晰合理，几乎都有明确指引，划分形成单独的自助办理区、材料填写区以及咨询区域。大厅里的工作人员服务态度很好，各个工作人员都各司其职，前台导办工作人员也十分热情耐心，服务态度非常友好，办事员办事效率高，有些办事大厅还允许前来办事的商事主体在非工作时间进入大厅内部等待，体现了以人为本的政府服务理念。

广州市场主体从 2013 年年底的 107 万户发展到 2019 年底的 218 万户，其中企业市场主体数量占总量的 50% 还多，新兴服务业、高新技术产业、"互联网+"等企业快速发展，市场主体结构不断优化。

广州在商事制度方面展开的工作有：

"一窗通取"设施十分健全。广州实行了"一网通办，一窗通取"办事方式，该模式是以"一网通"为主要的核心平台，追求"一网通、半天办、一窗取、零成本"的优质服务。由于各个办事大厅在宣传上做得比较到位，进而可以加速办理业务模式的线上化，进一步降低开办企业的门槛。

构建全程电子化综合服务平台。横琴新区推出的商事登记标准化暨全程电子化综合服务平台，不仅打破了传统登记模式的诸多弊端，还实现了全服务在线、全流程覆盖。同时引入人脸识别、智能填表等新技术，极大提升了区域投资便利化水平，营造了优越的营商环境，极大激发了市场活力和社会创造力。全程电子化综合服务平台做了六方面的创新："商事登记业务全覆盖""智能填报申请表格""智能生成标准化文件""嵌入实名认证功能""便利港澳企业登记"和"建立系统追溯机制"。全程电子化综合服务平台让商事主体实现"一网申报、一门进入、一表提交、一窗受理"，甚至能够当场办结领照，达到让商事主体少跑腿甚至不跑腿的目标，还极大提升了行政效能，降低了办事成本，把传统模式中的填报事项错误率高、多个部门来回跑、跨境外企办理手续烦琐等棘手问题解决掉。该平台被授予"第六届'粤治－治理现代化'优秀案例"奖，既是一次商事制度改革，也是推动政府治理能力现代化的一次有益探索和实践。

"人工智能＋机器人"式智能电子化商事登记。广州推出的"人工智能＋机器人"(AIR) 全程电子工商登记系统，以大数据和新一代信息技术为支撑，高度重视"AIR＋机器人"申报、签字、审核、发证、公示、备案全流程电子化，实现免费预约、零见面、全天候、无纸化、高效工商登记。"人工智能＋机器人"电子化的流程主要有"信息填报""数字签名""受理审核"和"自选领照"四个。此外，广州市还探索进行了"一照一码"改革，将涉及企业证照审批的各类证照信息整合到电子化营业执照中，使电子化营业执照不仅成为企业的"身份证"，同时也成为"资格证"。

第四，广州展开"商事登记确认制""全容缺＋信用增值审批""区块链＋商事服务"改革试点，探索商事登记深层次改革问题。其中"区块链＋商事服务"是指运用大数据、区块链、物联网等信息化技术，打造数字化智能化监管平台，构建"智慧监管＋社会共治"新模式，构建规范高效的监管环境。

第五，广州有针对性地推出"穗港通""穗澳通"，使港澳资登记更便利。广州进一步深化和细化商事服务"穗港通""穗澳通"合作，推动实现港澳企业商事登记"足不入境、离岸办理"的目标。在外商投资登记方面，出台了便利外商投资企业登记的措施。在自主表达名称和经营范围、简化登记申请材料、内外资企业类型互转等方面，推动与港澳商事登记深度对接，达到投资企业备案和工商登记一次办理。

第六，推动退出市场便利化改革。提出企业注销简易化改革，通过建立行政与司法机关的协作机制，把企业退出市场的"最后一公里"打通，并建议加快推进国有"僵尸企业"处置，力求把商事主体退出市场的制度性成本降到最低。探索推行强制出清制度，对长期停业未经营企业可以依法批量吊销营业执照，对提供一个虚假住所、虚假身份证等注册成功的企业建立强制性出清制度。

总的来说，广州商事登记经历了从"窗口面对面"到"网上键对键"，再到"'人工智能＋机器人'无人智能审批"，从"人工核准制"到"智能确认制"，在改革审批制度、精简工作流程上实现了"里程碑式"的重大跨越，再到"商事登记确认制""全容缺＋信用增值审批""区块链＋商事服务"改革试点，到推出"穗港通""穗澳通"，以及推动市场退出便利化等，都是广州商事制度改革的突出表现，未来广州在商事制度改革方面探索的步伐将进一步加大。

3. 东莞案例

东莞，也叫"东莞市"，位于珠江三角洲腹地，连接着广州和深圳，是五个不设区的地级市之一，总共 32 个镇街。东莞经济社会实力强，发展前景好，不仅吸引了阿里巴巴公司投资 50 亿元建设"菜鸟物流服务中心"，还吸引了京东金融投资 300 亿元打造一个人工智能信息产业新城，也吸引了一大批高新科学技术企业比如华为、大疆等的进驻和扎根。东莞是改革开放的先锋，也是商业制度改革的源头。

通过调研得知东莞商事登记大厅的特点有：第一，地理位置优越，交通便利。东莞的各商事大厅所在地理位置交通便利、周边环境好、图标指示清晰，各商事大厅基本都毗邻公交车站、步行不远即达，而且还基本配套了停车场。第二，各镇街大厅基本都非常干净，诸如卫生间、茶水间、等候区等基础设施划分清晰，自助照相机、复印打印机、政务服务一体机、电脑等自助办理设备也配备齐全。休闲区、母婴室、图书阅览室、保安医疗室、会议室、调解室等功能区域布局合理，有些大厅还配有志愿者提供志愿便利咨询服务。也有部分商事登记大厅配置了实时数据大型电子显示屏，商事主体可以通过显示屏获得登记大厅最近的预约和业务办理情况，具体到各时段的取号量、办理量，等等，从而让商事主体做到心中有数。此外，还有些商事大厅建立了安静舒适的阅览室，还有些在等待办事区安装了自助手机充电器。

东莞的市场主体数量从商事制度改革前的 56 万户增长到 2021 年 6 月的 139 万户，翻了一番还多，其中企业主体数量从 15.1 万增长到 58 万，全市商事主体保持每年增长 10 万户以上，换句话说，就是初次来莞创业者每年净增超过 10 万人，东莞成为名副其实的活力之城、创新创业之城，商事主体、企业数量均位列全省地级市的第一名。

东莞的商事制度改革进程大体经历了三个阶段。第一阶段是从 2012 年开始的试点阶段，从东莞大朗开始。第二阶段是从 2012 年年末开始在整个东莞市全市推开，具体实施了"先照后证"、注册资本认缴制措施。第三阶段是从 2014 年 3 月开始，主要探索企业集群登记注册、住所信息申报制度改革、全流程电子工商登记改革、协同监管信息系统和基层市场共管团队建设等探索。具体亮点有"施行新业态企业集群注册改革""推行住所信息申报＋负面清单登记管理改革""推行全程电子化＋审批中心的工商登记改革""多证合一改革""实施开办企业便利化改革""加强政银合作"和"建设深化商事制度改革综合试验基地"。这七个亮点都属于前端改革范畴，为市场主体大大降低了准入门槛，商事登记实现了极大的便利化。而东莞在后端监管方面也在不断摸索"一平台、三工程"市场监管体系，具体措施有"打造市场监管协同创新平台""推进智慧监管工程""推进协同监管工程""推进信用监管工程"和"开发企业信用联合惩戒系统"等。

2020 年以来，东莞商事制度改革依然在进一步深化，通过首设"银政通"企业开办一体机，直接将银行网点变成商事主体登记注册大厅、网上政务服

务大厅之外的第三类商事登记办理场所。东莞深化与港澳对接，成为全国第一个与香港相关机构签订商事登记合作框架协议的地级市，通过与香港建立简化版公证文书信息数据库，推进港莞公证文书电子信息共享，探索离岸申办东莞港资企业商事登记，推动港莞商事登记的交流和学习，促进港莞法律服务、经贸合作发展交流。2020年8月东莞的"深化商事制度改革"入选全国法治政府建设示范项目，受到了国务院的激励和表扬，这也是东莞的商事制度改革的第二个国字号殊荣。东莞首创的"全程电子化+审批中心"登记改革，主要是运用电子签名技术，通过智能推荐经营范围，智能选取"标准地址库"，不仅能为商事主体提供公开透明、高效简便的政务服务，还实现商事主体办照零跑动，超过90%的企业得到实惠，业务总量破百万宗。

总的来说，东莞商事制度改革特色鲜明，主要体现在：起步早，东莞商改于2012年开始推行，比全国提早了近两年；任务重，还积极承担10多项全国、全省试点工作，并因地制宜推出一系列具有区域特色的改革品牌；东莞保持放管并重，在放权的同时，配套推进"一平台三工程"措施，积极打造与"宽进"相适应的科学市场监管体系；此外，还坚持以问题为导向，以人民为中心，坚持改革切实从群众利益出发。并且，特别注重改革的整体推进和系统设计，在组织层面上坚持多元共治的理念，也特别重视厘清各方职责；在制度层面强调"宽进"与"严管"两条腿走路，两条腿都利用起来。东莞的商事制度改革带来了"监管理念""监管模式"和"监管内容"的巨大变化。东莞商事制度改革在很大程度上刺激了市场生机系统，激发了市场活力。商事制度改革为企业放宽了壁垒，充分激发了社会创新创业活力，这不仅体现在商事主体的数量上，还表现在商事主体的质量上。东莞商事制度改革也促进了人们就业增长、优化了产业的发展结构，当然也显著提升了商事主体的获得感和体验感。

4.武汉案例

武汉，简称"汉"，也被称为"武汉"。武汉位于江汉平原东部，是湖北省省会，是我国中部最大的城市，也是唯一的副省级城市，是中国最繁荣的内陆城市，中华人民共和国的区域中心城市。武汉辖13个区和3个国家级开发区，面积 8467 平方公里。2016 年 10 月，中共中央将武汉列为超大城市，同年 12 月，国家发改委明确提出要求武汉加快建成以全国市场经济管理中心、高水平科学技术创新研究中心、商贸物流服务中心和国际社会交往活动中心四大功能为支撑的国家文化中心建设城市。

经过调研得知武汉商事登记大厅的特点有：第一，设施齐全，服务中心办事大厅都十分亮堂干净、整洁舒适，还配有洗手间、茶水间、休息座椅等，还有数量充足的电脑等便民设施，有些中心还提供了触摸式平板电脑，并且还连接打印机，方便商事主体操作任何需要打印的业务。第二，服务效率高。武汉登记服务大厅不仅硬件设施齐备，服务效率也很高。商事主体进入服务大厅时立马有工作人员指引，也有工作人员帮忙叫号、帮忙打印；窗口服务同样也是笑脸相迎，商事主体的满意度大大提升。

武汉的东湖高新区在商事制度改革方面比较突出，主要历程如下：早在 2015 年，为营造宽松便利的市场环境，东湖高新区就推出了企业名称网上申报，申请人可在网站或手机微信上申请企业名称预核准。2016 年 12 月，东湖高新区在武汉市率先进行试点管理企业发展、全程电子化网上交易登记，并核发了首张电子公司营业执照。2017 年推行"企业登记信息远程核实系统"，也即是（政务助手 App），商事主体通过"刷脸"技术，不需要到达办理现场，即可对本人的身份进行认证，能为企业办理股权转让、法定代表人变更等业务，真正实现企业信息核实"零距离""零跑路"办理的目的，这一刷脸技术还进一步被应用到企业设立注销等领域，不仅有效保障了商事主体的身份信息，还能确保信息的真实性、准确性与高效性。到了 2018 年 9 月，武汉又推行公司制企业名称自主申报改革，并在 2019 年年初出台了《关于进一步完善企业简易注销登记改革试点实施办法的通知》，进一步加强与税务等部门之间的信息共享与业务协同，推行"点穴式"简易注销服务改革。2019 年，围绕全国普遍存在的"冒用住宅"问题，在住宅申报系统的基础上，创新探索企业住宅信息远程核查模式，在"企业登记信息远程核查系统"中新增企业住宅（经营场所）材料远程核查模块。园区、孵化器、创意空间、商务秘书等企业通过系统将相关居住资料上报登记机关备案后，后期入驻企业登记时，一

张备案表可以代替过去平均 10~20 页的产权证、租赁合同等烦琐的居住资料，既简化了登记资料，又保证了登记的真实性和准确性，提高了商事登记便利化水平，有效解决了"地址冒用"问题。2020 年东湖高新区为了解决疫情期间如何为企业提供便利的问题，积极主动向省市申请率先试点全程电子化在线帮办系统。

总之，武汉东湖高新区，经过了一系列商事制度改革措施，大大优化了营商环境，吸引了越来越多的企业进驻。武汉全市的市场主体数量截至 2018 年 9 月为 1150034 户，突破 115 万户，数量增长迅速，并呈现"三多一高"特点，即"新登记市场主体数量多""企业注销数量多""注册资本（金）明显增多"和"企业占比逐步提高"。

5. 杭州案例

杭州，简称"杭"，古称临安、钱塘，是浙江省省会、副省级市、杭州都市圈中心城市，位于华东地区，东南沿海，浙江北部，钱塘江下游，大运河南端，是杭州湾地区的核心城市，是沪嘉杭科技创新长廊的中心城市，也是重要的国际电子商务中心，也是中国历史上具有重要地位的重要的商业集散中心，如今网络经济已经成为杭州新的经济增长点。

经过调研获悉，杭州商事登记大厅的特点有：第一，设备齐全，登记中心办事大厅都十分亮堂干净、整洁清新，配有洗手间、茶水间、休息座椅、数量充足的电脑等便民设备，有些登记中心还提供了触摸式平板，并且连接了打印机。第二，数字化、智慧化特点明显。推广应用"互联网＋政务服务"，以"最多跑一次"倒逼简政放权、优化服务。杭州商事制度改革以建设中国第一个数字经济城市为重点，以数字化转型和智能化监管为核心，形成了独具特色的"杭州模式"。

杭州在商事制度改革方面比较突出，主要表现就是当地政府一直以来以商事登记为主线，不断探索实践，不断加强"放管服"改革，从优化营商环境入手，刺激市场主体活力，不断推动商事主体的创新创业。总的来说，杭州商事登记改革历程，恰恰体现了杭州的经济发展过程。杭州商事制度改革的历程与中国大背景下的商事制度改革历程吻合，具体如下：

　　第一个阶段（1978—1993年），杭州商事登记起步探索时期。自1978年起，杭州开始对各种经济类型的商事主体进行调查摸底，并重新完成发证工作；1979年商事登记管理工作开始恢复，逐渐建立健全"经济户口"，此时，商事登记制度带有浓厚的计划经济色彩，规划指令、行政干预、程序标准化程度低等问题普遍存在。

　　第二个阶段（1994—2012年），商事登记发展规范阶段。1992年小平同志南行讲话后，商事登记制度的发展步伐明细加快。1994年7月《公司法》正式开始施行，全国进入商事登记时代。2004年《行政许可法》发布施行，许可审批由政策管理转变为依法管理。在这个阶段，杭州市不断规范完善商事登记制度，但审批管理程序依然较为烦琐、申报相关材料依然较多、部门之间联动依然欠缺、信息分割碎裂依然严重、市场准入门槛依然较高、可预期度依然较低，实质上商事制度改革还没有真正开始。

　　第三个阶段（2013年至当前），商事制度深化改革时期。2013年10月，国务院常务会议部署公司注册资本登记制度改革，2014年商事制度改革正式启动。"最多跑一次"改革，注册资本实认缴、"先照后证"、企业年报、实行多证合一和信息共享、大幅放宽外资准入、企业信用信息法定公示制度、"双随机、一公开"事中事后监管等一系列改革措施依次落地，杭州激发公众创业、万众创新活力，涌现出许多独角兽企业。

　　杭州的商事制度改革一直在路上，2020年，国务院支持杭州作为企业登记便利化改革、企业年报制度改革、社会共治、企业信用风险监管、大数据监管、信用修复等商事制度改革试点地区，以及开展事中事后监管工作；优先考虑外商投资企业登记机关；优先得到国家广告产业园区的认定。其后，杭州真正实现"开办企业"零费用一日办结、个体工商户简化登记、多证合一证照联办、同城通办和零见面审批，此外，还大力深化简易注销登记。

　　此外，正在实现当中的有：第一，杭州继续在"一个环节、30分钟办结"方面发力，确保大力提升全程网上办零见面比例，努力把中间环节都取消或者合并为一个环节，并且争取在30分钟内办结，实现"分钟制"办理。第二，开办企业"零费用"，政府财政预算承担免新开办税控设备首年服务费，

实现开办企业"零费用";也积极推广"税务 UKey",税务 UKey 与增值税防伪税控设备具有同等功能,并由税务部门免费发放提供给商事主体使用。第三,完成"一网一窗"的标准化管理。实现"实名认证、数据采集、信息共享、完成反馈"四个标准化,将初创企业所有业务环节全面汇集成"一网一窗",作为初创企业的唯一入口,实现规范化管理。第四,数字赋能智慧审批。杭州运用 5G、AI、区块链、大数据、云计算、物联网等技术,深度融合数字技术、数字治理、优化营商环境,依托经营范围标准化登记,加强地址协调,探索创业企业审批的"智慧",以数字赋能推动深化改革、服务升级和监管跟进。

总之,杭州市经过了一系列商事制度改革措施的落实,切实优化了营商环境,吸引了越来越多的企业进驻。商事改革的五年,杭州市场主体总量从 58.4 万家增加到 126.5 万家,增长 116.6%。杭州每千人拥有企业 67.9家,是全国平均水平的两倍多。杭州现今将继续对标国际一流营商环境,通过实施"主体增量行动""审批加速行动""准入便利行动""比学赶超行动""智慧申请行动"等五大行动,不断深化"简政放权、强化监管、提升服务"改革。

二、国外商事登记流程

(一)国外商事登记制度历史沿革

国外,特别是西方发达国家在商事制度方面的研究,无论在理论上的研究还是事件上的应用,在时间上都起步较早。早在古希腊时代,商事主体就得按照相关的商事法律法规定时定点缴纳相关税款,这其实就是企业注册登记的雏形。到了中世纪时期,逐渐涌现了更多以营利为目的的各种商业活动,当中也出现了类似的自治管理行为,从而形成相应的行会、商会,也就是现在所说的协会这类的组织,相应的商人法也应运而生了。到了 17 世纪开始,政府开始重视商业,并对贸易等加强管理,目的也是显而易见的,就是从中征收各种税费,以达到运营政府的目的,这种模式就成了今天所说的国家商事登记制度的原型。

总的来说，先进发达国家的商事制度不仅体现在程序简单上，还体现在办理速度高效上，当然，信息技术也被广泛应用于商事登记制度中，商事主体可以通过网络自助办理来完成几乎涵盖一切的商事事务。

西方发达国家的商事制度模型不是单一的，而是模式丰富多样。比如有以英国、美国、日本为代表采用行政管理部门作为商事登记主管机构的行政模式，有以德国和法国为代表的应用司法机关负责商事登记工作的司法模式，有以荷兰、瑞士为代表采用民间模式，即由非政府部门的第三方组织如商会等负责商事登记工作。下面咱们对美国、德国、日本、英国等发达国家的商事制度进行介绍。

（二）国外商事登记改革特色

国外学者对于政务流程再造以及企业登记的研究主要是沿着三条方向展开的，第一是以政务流程再造技术为导向的研究；第二是以政务流程再造办法为导向的研究；第三是以企业登记业务流程实际为导向的研究。虽然研究的立场不同、研究视角不同，所得出的研究结论也存在较大的不同。但是他们对于流程再造都普遍认为，政务流程如果进行完全化的重建，必然产生难以适应的问题，而必须以群众满意、服务高效等为目标进行持续性改进，不断推动政务服务合理化。

1. 美国

美国的商事登记的显著特点是比较宽松，一般只有公司和有限责任企业需要进行商事登记，其他的商事主体则不做要求。第二个特点是注册登记公司门槛较低，在注册资金和经营业务范围上也没有设限，只要提供简单的必要的相关信息即可。第三，美国商事登记主要采取形式审查模式，注重材料的完备性而非真实性，投资人和股东对材料的合法性负主要责任。第四，美国商事登记也充分运用技术提高办事效率，并提供全国联网的个人诚信查询系统，这为政府对商事主体后期的市场监管和维护市场秩序提供了极大的便利。

与中国类似，除了全国性的商事登记总体性要求外，各个州也有各自的

要求，每个州政府一般都设有州务卿办公室，主要负责本州管辖区内部的公司及企业的注册登记业务。美国的公司注册程序会因州而异，但大体都按照以下流程：第一，商事主体向州务卿递交注册文件。第二，州政府会进行审查批准，然后交由州务卿注册后，登记便完成。第三，留存备案与州务卿的注册文件都会及时备份到电脑，以便公众查阅浏览。

美国的商事主体登记管理制度也不是一蹴而就的，也是不断持续改革的结果。比如对于商业许可证的办理，美国弗吉尼亚州的一个自治市夏洛特维尔最开始的时候也是经过了"申请人要到税务长官处填写相关的表格；申请人要到相关办公室咨询他们所涉及的经营项目是否能够得到批准；到社会发展部咨询是否需要申请商标等有关事宜；申请人需要得到税务长官批准，才可以获得相应的商业许可证书"等等这些烦琐而重复的程序，也是遭到了商事主体的极大吐槽，后来，当地政府下狠功夫对商业许可证审批流程进行再造，最终实现申请表格只需一个，整个流程有专业的人员跟踪，并且还提供了两名员工为申请人提供相应的咨询服务，让所有办证流程缩短为不到一个小时。

2. 德国

德国在商事登记上与美国的风格区别比较大，秉持其一贯的严格的风格。德国商事登记制度相对完备的文件是 1861 年的《德国普通商法典》[①]，其后在 1897 年对商事主体登记相关规定进行了一系列的修订和完善。《德国商法典》明确规定了与商事登记有关事项的详细条款，比如明确了注册法院是行使商事登记权力的机关，采用的是严格的调查和审核的制度而不是类似于美国的形式制度，这就要求商事主体的材料及资本实力都是真实的，极大程度上降低了商事主体空手套白狼的可能性。此外，《德国商法典》还统一规定：基层法院商事登记主管部门分为个体商事主体登记主管部门、一般商事合伙企业和有限商事合伙企业登记主管部门以及合资企业登记主管部门，这些都交由商事主体营业所在地的基层法院辅助员负责。法院作为商事登记机关，其登记工作职责的履行以菜单的方式作出，允许申请书在不服裁定时，依据《德

---

① 陈俊名.当前芜湖市商事登记制度及其实施研究[D],南昌大学硕士学位论文,2016

国人民法院进行辅助员法》提起上诉。武晓颖（2011）中还提到了在德国的《股份公司法》中，商事主体不按照正规的程序去办理，因公司章程条款的瑕疵、欠缺或者无效而导致审查不合格，法院都极有可能拒绝其登记。

3. 日本

日本商事登记制度是明治维新年代在参考借鉴德国商法基础上的产物[①]。随着日本经济体制的确立，商事登记法和商事登记规则便应运而生。日本商事登记有详细明确的登记程序，最初其突出特点是限制多、重安全、轻效率、程序杂。近年来，日本顺应全球化、信息化趋势对商事制度作了修正，修正后的商事制度主要以市场原理为理念，以放宽进入门槛为重心，以提升效率为价值取向，简化登记程序、缩减登记事项，尤其采用 IT 化手段，使得日本商事登记更加便捷迅速。日本政府早在 2000 年提出并施行了 IT 国家战略，其中主攻的政策方向就包括建立电子政府，而商事登记方面，日本政府则既有对制度体系结构的调整，也特别重视现代信息手段的应用，尤其是商业登记申请的联网化，以此使商业登记制度超越过去，更加凸显效率，更加值得信赖。2003 年日本再次修订商事制度，2005 年又一次修订，由此形成的日本商业登记制度越来越完善，并推动日本经济社会向前发展。其后，日本就实现了网上办理政务申请、申报和审批手续，还推出了"24 小时之内必须办结""电子政府窗口"等措施，实现登记事务的电子化。其后，日本政府还对行政审批流程进行了变革，比方撤销不必要的行政审批项目，简化和规范审批程序等，不但提高了政府行政效率，也为促进其国内经济发展发挥了积极作用。

日本通过互联网实现信息的共享，增强不同部门的合作，确保网上审批流程的一站式服务，保证申请人通过政府设置的某一个对外审批窗口即可完成全部审批项目的办理。日本政府通过一站式的在线服务，着力对审批流程进行改造，提高了政府的办事效率，推动社会进步。日本政府的这种网上审批一站式服务在东京等地广泛推行。日本借助互联网平台推进政务改革，为其他国情类似的国家的政务变革提供了先进经验。

---

① 臧博. 我国商事登记制度研究 [D], 首都经济贸易大学硕士学位论文, 2007

4. 英国

英国是最早建立商事制度的国家，在长期的实践中形成了较为完善的商事登记制度，是商事制度最完善的国家之一。"公司办公室"是英国专门负责登记的机构，商事登记的过程主要包括：商事主体需要新设立企业，只需到负责商事登记的主管部门完成相应手续便可实现"一站式"登记，无需再去其他机构或部门办理其他事务。商事登记一般由股东出面对其提交的审批材料进行担保，确保其真实有效，并以投资人和股东作为相关责任人；登记机关主要是从形式上对上交的资料是否齐全合格进行检查。英国的商事登记也是较早实现网上审批的，一般是通过"英国在线"网站来实现的，该网站在设计上较为人性化，改变过去以政府层级或职能分类为主导的审批方式，主要按公众需求进行分类，以便于用户自行选择所需要的服务。

2020 年，因新冠疫情，英国各地企业停工、学校停课，经济活动被按下了暂停键。在国内国际市场萎缩、企业在一段时间无法开工营业的情况下，由于中国《公司法》等商事法律制度中没有企业休眠的制度设计，疫情期间的企业仍要继续支出房租、人力等高额运营成本，导致部分中小企业经营难以为继。在这一背景下，中国把英国企业休眠制度引进来。英国的商事主体休眠制度是由企业主动申报休眠，申报休眠的企业可以简化年度报告内容，允许暂停缴纳税收，允许暂停雇佣员工。企业休眠制度，主要有以下几个方面的意义：第一是有利于中小企业持续经营；第二是有利于社会经济的稳定发展；第三是有利于建设完善的诚信体系。正因为英国企业休眠制度是为适应企业需求而设计的，正好被其他国家所引进和学习，中国也在逐步进行有益的尝试和实践。

三、国内外商事登记流程比较借鉴及启示

（一）国外商事流程再造的特点

从上面对几个先进发达国家的商事登记改革特色的介绍和分析，我们归纳出国外商事流程再造的主要特点有：

1. 凸出人性化

无论是美国、日本还是英国的商事登记流程都是凸显人性化为特征的，其改造的最终目的也是为了满足公众需求，当然也让政府获得便利。比如英国推出的在线审批，为商事主体提供"一站式"服务就是凸显人性化的表现；美国提出的以公民为中心，倡导和推行电子政务方式，也凸显以人为本的理念。

2. 凸显法律的保障作用

通过法律法规把相应的商事流程固定下来，保持商事制度的持续性。特别是美国，通过立法的形式，让政府政务流程再造的顺利进行有法可依，从根源上保障流程再造合法性与持续性，比如美国早在20世纪90年代就先后颁布了《政府文书消除法》《政府绩效和结果法》《电子政务法》等法律，正是这些法律法规，能较好地保证商事登记的持续性、合法性和稳定性。

3. 凸显计算机和网络技术

先进发达国家大多是以技术为手段来对商事流程进行再造，比如以电子信息技术为支撑或者以电子信息技术为流程再造的依托和保障。

（二）国内商事流程再造的特点

1. 统筹规划色彩较为浓厚

我国的商事流程再造通常是在当地党委政府的领导下，一般是利用现有的资源设施，按照已有的上级的统一规范和要求，通过加强集约化建设，统筹考虑窗口登记、全程电子化登记和电子营业执照建设的需要，建立符合全程电子化登记要求和特点的企业登记流程，加强现有企业登记系统的升级改造。

2. 解决现实问题导向

从国内的几个城市的商事制度改革的历程可知，国内的商事登记流程再造，基本上都是以问题为导向，都是基于商事主体反映强烈的办事难、办事慢、办事繁等问题出发，专门针对必须解决的问题，从而简化办事流程，设立更为完善的办事流程，为申请人提供便捷的、简单的、高效的商事登记服务。

3. 突出流程规范性

国内商事登记流程再造，突出流程规范。根据现有文件或者系统提示，让商业主体进行用户登记，在线填写登记信息，在线签名提交，登记机关审核申请人提交的材料后，批准、许可、存档并在网上公布企业的有关信息。当然，由于现在几乎都朝电子化方向改革，无纸化电子注册是中国商事制度改革的方向，但也不忘流程的规范性，按照电子化的方向，国内也从电子化的角度，制定和修订了相关的电子化流程规范。

（三）国内外商事登记流程再造对佛山市的启示

通过上述国内外国家或城市商事流程再造的案例分析不难发现，国外的经验较为丰富，研究领域和范围也较为广泛，国内的商事制度改革稍晚。借鉴国内外商事制度改革的案例，我们发现，要想使政务流程再造推广更加顺畅，必须要实施有效的领导、建立清晰的结构框架。

首先，必须得到地方政府的重视，以此才能更有效地推动商事流程再造的实施和重构。比如美国利用高层政治层面的力量推动政务流程再造，英国日本也都如此，无一不是通过有效的领导自上而下进行推动，离开了领导的支持，企业登记业务流程再造将寸步难行。这就要求佛山市行政审批部门的领导突破常规、大胆解放思想，真正推动政府职能的转变，简化服务或者办事流程，为市场主体提供更完善、更便捷的服务。

其次，从国内外企业登记业务流程再造的成功案例中不难看出，建立一种更加适应社会需要、更加符合"互联网+"时代趋势的灵活的政府体制模式，才能让再造过程更加顺畅。国内的深圳、广州、东莞、武汉、杭州等城市的商事再造案例也告诉我们，要真正推进政务流程再造，就必须发挥出绩效考核这根"指挥棒"的作用，通过完善的绩效考核体制对政府行为起到导向作用。对于佛山市来说，也必须通过绩效考核体制的建立和完善来内生性地推动政府政务流程再造。既要通过以考评为手段，建立政府职能转变以及政务流程再造的考评标准和方法，将考评结果与政府官员的晋升、奖励等挂钩，以评促改、以评促建；也要以内容为突破，促进政务流程再造绩效评估体系的全面建设。

(四) 本章小结

本章对国内外的商事流程再造进行了比较分析，试图通过比较得出对于佛山市商事流程再造的借鉴和启示。在这一章中，首先介绍了国内商事制度改革的历程以及改革大事，然后通过介绍深圳、广州、东莞、武汉和杭州等城市的商事登记流程情况，以及简述了外国比如美国、德国、日本和英国等发达国家的商事登记流程再造情况，并在此基础上，总结国内外商事流程再造的主要特点。然后通过比较分析，得出了对佛山市商事流程再造的有益启示。

第八章 "互联网+"背景下佛山市登记业务流程再造策略

一、"互联网+"背景下佛山市登记业务流程再造目标

（一）登记业务流程再造的人性化

登记业务流程再造的最终目标必然是从商事主体的角度出发，突出"以人为本"的准则，在最大程度上提供便捷的服务，从而提高审批效率。当然，一个优秀的登记业务流程系统，除了让商事主体满意外，也得让流程上的其他工作人员也获得满意。首先我们得了解清楚登记业务流程中涉及的人有哪些？登记系统上涉及的人员包括商事登记主体、审批人员、流程上的监察人员。登记业务流程人性化就要求对整个流程进行优化，构建一个彼此合作、彼此协调、彼此监督的顺畅无阻的系统，从而让流程上涉及的人员都感到满意，尤其是商事主体获得更好的体验。

（二）登记业务流程再造的便捷化

通过对登记业务流程的优化与重组，使登记业务流程愈加便捷和高效。那么如何才能使登记业务流程便捷呢？首先是对原有的登记业务流程系统进行调研，通过审视和判断，识别出冗余低效甚至无效的业务流程，然后对这些冗余低效的流程进行剔除、重组、合并等操作，从而实现高效快捷，真正做到让"信息跑路"而不是"商事主体跑腿"。第二，通过对商事主体进行调研，认真审视商事主体反映的问题和建议，从商事主体的需求出发往往能找到问

题的根源，从而促进整个登记业务流程效率的提高。

（三）登记业务流程再造的规范化

对登记业务流程进行优化与再造，不是凭空提出一些改进意见，而是通过科学原则，遵循现有的法律法规、程序规则等规范来提出可操作性强的升级流程。

（四）登记业务流程再造的智能化

智能化是科学技术发展的趋势，也是人类社会进步的方向。登记业务流程再造的智能化不但是商事主体的要求，也是"互联网＋"时代的必然方向。当前，互联网、大数据、物联网、云计算等新兴技术与政府政务越来越融合，登记业务流程再造势必也需要走智能化的道路。当前各种登记业务 App 小程序的应用，就是登记流程智能化的一种体现，但是智能化水平还有提升的空间，佛山应该解放思想、先行先试、大胆创新，更积极拥抱互联网技术，进一步提升智能化水平。

（五）登记业务流程再造的安全化

近年来，有不少不法分子通过冒用别人身份证资料，注册登记了大量"空壳公司"，从事虚开增值税发票、骗取政府补贴、贷款诈骗等违法犯罪活动，导致一些被冒用身份的群众利益受损。我国当前也有《公司法》和相关国家法律规定，但不法分子依然较多。未来，佛山登记业务流程再造要切实重视安全化问题，要谨防不法分子冒用他人身份证办理企业登记业务、要建立治理冒用身份证信息骗取登记行为的长效机制、要加强事中事后监管，形成保护商业主体利益的有效治理机制，从而也促进经济长足发展。

二、"互联网＋"背景下佛山市登记业务流程再造原则

（一）以商事主体需求为根本导向原则

如今的政务从过去的以管理为导向转变成以服务为导向，在商事登记业

务领域，同样需要以商事主体的需求为根本导向，通过对登记业务流程再造，提升政府的工作效率和办事水平，为商事主体和民众提供更优质、更便捷的服务。总的来说就是要求政府部门秉持商事主体至上的理念，坚持以商事主体需求为根本导向原则来再造登记业务流程。

（二）部门间的信息整合和信息共享原则

当前，已有很多专家认为信息或者数据已经成了又一个新的生产要素，信息的整合和共享在一定程度上促进了生产力的发展。随着互联网与政务服务的深度整合和交融，需要通过进一步地整合部门间的信息以及共享各自部门的信息，才能进一步进行登记业务流程的再造。未来商事登记流程再造必须坚持部门间的信息整合和信息共享原则，从一件事情一次办完出发，将分散在各个部门、各个机构、各层级当中的信息整合起来，通过信息的分享、数据的共用、业务的协同，减少不必要的审批环节和不必要的障碍，从根本上对业务流程进行再造，才能实现"让信息多跑路、让商事主体少跑腿"的工作目标。

（三）政务服务的高效率原则

当前，政府政务服务还存在着官僚等级结构明显、条块分割非常严重、各个部门之间各自为政的情况，从而导致整体效率还有待提升、业务成本花费还有待降低，而对登记业务流程再造要坚持政务服务的高效率原则，从而打破流程中原有的不顺畅的地方。通过流程再造，推进政府政务服务效能革命，政府通过建立一个电子政务系统从而加快各部门之间的信息传递速度，有效提高行政工作效率。通过流程再造，使信息管理部门能够在最短的时间内对更加复杂的信息做出响应，从而有效提高政府办事效率。

（四）登记业务组织结构扁平化原则

登记业务流程再造，在很大程度上就要求审批程序简化和减少，因此登记业务流程再造要坚持组织结构扁平化原则，对原有登记审批结构重新设计，形成全新的业务流程，才能更好地发挥电子政务的突出优势。通过登记业务流程审批结构的扁平化，能让各个管理部门直接进行沟通，减少多余的环节，

从而让信息传递跟以往相比更加迅速和精确，同时也能减少信息传递成本。登记业务组织结构扁平化，那么审批环节就会缩减，这无形中把部分权力下放给下级相关部门，使专业职能部门逐步转变为综合职能部门，从而降低审批层级，提升审批速度。

（五）登记业务流程公开透明和时限原则

登记业务工作流程及时公开能够在一定程度上减少政府对信息的垄断，商事主体能够掌握与自身有关的信息，以及掌握政府的工作情况，这在一定程度上起到对政府政务服务行为监督的作用；通过办理时间限制，在一定程度上，创造良好的环境，抵制腐败。因此遵循登记业务流程公开透明和时限原则，能监督审批流程中可能存在的腐败环节，也能减少流程审批时间成本。

（六）登记业务流程的创新性原则

创新是政府政务服务效率提升、服务治理升级的力量源泉。唯有创新才能打破原有的僵局，政府服务人员才能够摆脱僵化、保守的思维模式，也唯有创新，才能使人们大胆尝试，转变工作作风和行为方式，才能从思想上行动上实现突破，才能造就团队生命力，打破原有僵化的登记业务流程，从而建立一种高效、便捷的登记流程。

三、"互联网＋"背景下佛山市企业登记业务流程再造的配套保障

（一）变管理理念为服务理念

理念先行于行为，理念的转变几乎是所有行为改变的前提。传统的政府管理理念，随着社会的发展进步，已难以适应民众的需要，必须转变为服务理念。登记业务流程也应该从过去的管理理念转变为服务理念，原有的管理理念已经跟不上企业登记业务的发展需求，也已经阻碍了生产力的发展。因此，政府服务人员必须摆脱传统政府治理理念的束缚，转变自身观念，真正

树立现代政府服务理念，转"官本位"为"民本位"；并且时刻以商事主体需求为导向和目标，调动商事主体参与的积极性，形成政企互动的良好的公共服务体系。

（二）组织重构，打破壁垒

过去政府部门通常是按职能来划分的，其主体特点是将技术、知识、经验具有相似性的人员集中在一起，虽然这种划分方法能让岗位职责明确，但也会导致完整的业务流程被人为割裂开来，从而导致结构重叠、相互推诿等现象出现，从而使工作效率变慢。

随着科技的进步以及社会群众对服务质量需求的提高，以职能分工的传统组织很难适应时代的需要，因此，政府政务服务势必要打破原有的职能分工壁垒，建立跨越部门职能的流程型组织，才能较好地满足民众的需求。流程型组织本质上是一个扁平化组织，通过冲破原有的职能部门之间的隔阂，使部门与部门之间的沟通顺畅无阻，从而提升部门之间的协作性，也促使部门之间信息沟通和信息共享更为有效，真正达到"一部门提供，多部门使用"的协同共赢的局面，最大化地优化资源配置，继而提高政务服务效果，也能更好满足民众需求。

（三）法律法规保障

商事登记制度的法律形式多种多样，法律法规之间内容较多交叉，也有不少的法律空白，我国的商事登记立法已经过去二十多年了，新一轮商事制度改革已经过去了六年，但当前还没形成统一的商事登记法，不同的地方政府的做法也还有很多不同之处。因此，我国商事制度改革需要尽快修订调整现有法律法规，修改、废止一些与改革理念不相符的地方性法规和行政规章，制订相对统一的商事登记法；第二，通过法律对审批流程和基本要求进行规范，包括具体到办事住所、提交的材料清单、办理步骤等都应该有个统一的标准。第三，加强监督功能，商事登记流程再造以后，审批部门的综合性能得到提高，从而权利范围也扩大，这就要求有相应的机制进行监管，防止行政行为失控的情况发生。

（四）商事主体个人隐私安全保障

商事登记制度改革中，不可避免地会在职能部门之间最大化地利用信息，以此加快审批效率，但在这一过程中会出现商事主体个人信息安全性问题，也可能出现虚假主体、捏造虚假信息、抵赖行为等安全问题。因此，必须采取安全措施来实现网络主体的身份认证、信息的防篡改识别和行为防抵赖措施。应该说，网络身份安全认证是整个电子化过程的关键，确保安全的情况下，把公安部门公民身份信息库与工商全程电子登记系统自动识别进行对比，从而识别出有问题的商事主体信息，从源头发现并加以识别，也要利用先进的技术对商事登记主体的信息加以保护。

（五）绩效评估驱动

任何一种改革，都必须有相应的绩效评估体系来推动。持续有效的绩效评估，能促进相关民众的的积极性提高，商事登记流程再造同样如此，也需要有稳定的绩效指标加以考核，才能使改革持续而到位。一般来说，对流程再造的评估会涉及对工作人员的评估、对流程本身的评估以及对商事主体满意度的评估三方面。对工作人员的评估在流程再造上起关键作用，改革过程需要相关人员掌握更多的专业技术或者重新学习新的技术，这对工作人员来说是有难度也是有阻力的，因此需要通过合理的绩效评估来推动改革的顺利进行。对流程的评估，主要是通过考察整个流程的合理性、科学性和高效性来进行审查和评估的。对商事主体满意度的评估，主要是通过调研的方式获得商事主体的满意度，商事主体的满意度是登记流程改造的落脚点和目标，因此，需要通过各种途径收集商事主体的建议和意见，从而有针对性地进行修正。

四、"互联网+"背景下佛山市业务流程再造的方式

（一）打造标准化业务流程

打造标准化业务流程，即按照业务流程要素，设计合理的高效的快速的

标准化服务流程。业务活动流程要素标准化包括要件合法化、承诺时限合理化；主要任务是工作手续简化、资源管理层级减少、重复业务消除、工作平行处理、业务信息缩短处理时间。符合法律法规的要求是业务流程输入的起点。首先，要以清单的方式一次性完整地告知所有法定要件的内容，对不确定的承保条款如"其他""等"不得出现。其次，除证件类之外，要固定其他要件合法性审查的关键技术要素，并通过样本展示出来，让商事主体准确知道自己如何选择正确的合法的要件。全面施行"一审一核制"，缩减业务流程的处理环节。

（二）降低市场准入门槛

一个社会的经济是政府有形的手和市场无形的手共同作用的结果，当两只手干活的时候都很顺畅的话，那么市场是有效的。但当政府规制不妥或规制过多的时候，市场无形的手就会失灵，甚至会妨碍社会经济的快速发展。我国的商事制度其实就是经历了不断降低市场进入门槛、从紧到松的过程。当然，市场进入门槛可以进一步降低，但是后期的监管可以考虑加紧或者进一步完善。

（三）减少审批接触点

减少审批接触点就是减少审批关卡和审批层次，近年来，浙江省提出的"最多跑一次"改革，江苏省推行的"不开会审批"，都是减少审批接触点的有益尝试。佛山也在借鉴相应案例经验的基础上，主推线上注册办理，线下简化收集材料的方式减少接触点，为流程简化、流程再造打下基础。

（四）精简审批材料

精简审批材料，在遵循法律的前提下，按照"法律没有禁止就可以做"的原则，"凡无法律、法规、规章依据的材料一律取消，已入库的证件、证照、证件一律不再报送，对审批不起实质性作用的材料坚决不提交。"同时采取"一次告知"制度，能网上提交的都网上提交，避免多次来回跑。

（五）时限承诺

通过设置时限承诺制，严格管理控制单一业务工作流程的审批时限，最大限度压缩法定时限，在资料齐备的情况下，能现场办结的即办件，不得转为承诺件；能一天处理的业务，决不允许承诺两天或更久；承诺时限超过限制要求的，上级需要调查并按要求问责。

五、"互联网+"背景下佛山市业务流程再造的关键点

商事登记业务流程再造过程中，首先要把握好"速度、便民、质量"的统一；第二是建立落实真干机制；第三是加强顶层设计的同时，也要制订规范性文件和相关操作细则，使基层工作有章可循；第四是放宽准入门槛和加强监管相结合。

六、"互联网+"背景下佛山市登记系统流程再造策略

第四章和第五章分别就商事主体对佛山市商事业务流程的满意度进行实证分析，第六章主要就"24 小时智能商事登记系统"服务做了问题透视，并根据分析结果梳理出佛山市商事登记"24 小时智能商事登记系统"服务存在的问题及原因；本部分针对前文总结出的公众需求及存在的问题，结合政务流程再造的目标、原则、配套保障、方式及关键点等，提出了具体流程再造策略。

（一）加强宣传提高商事主体的认识

部分商事主体明显存在着还不是很相信网上行政审批的心理，很多商事主体都还是停留线下，在办事大厅办理业务。我们在派发问卷的过程中，发现有些办事大厅也没有关于"24 小时商事登记系统"的宣传。因此，在"互联网+"背景下佛山市登记系统流程再造，首先要加强商事主体对这一系统的认识。可以通过采用宣传、培训等方式对公众进行教育，并定期举办一些宣传活动，深入街道社区、生产场所、企业工厂等地，向群众和企业员工灌

输电子政务的概念，树立网上办事的意识，还可以与新闻媒体开展多方位合作，发挥新闻媒体的作用，立足新时代网络信号技术发展态势和公众对行政审批的诉求，运用新媒体手段，普及网上行政审批系统的功能、操作方式等内容，提高政策解读的准确性、便捷性，从而实现对佛山市网上行政审批的宣传普及，扩大网上行政申请操作审批的知晓度。同时，也可以将网上申报流程录制成视频挂在市政府及市场监督管理局门户网站上，供商事主体和感兴趣公众在线播放学习或下载学习；当然也可以将使用手册制作成简单的宣传材料，在进行宣传教育时发给相关群众浏览、阅读和学习。通过大量的宣传教育，使商事主体熟悉网上行政审批，鼓励商事主体通过线上平台进行申请审批申报，当商事主体体验到了网上审批是快速、透明、高效而且安全的，那么就不愁商事主体不愿意"网上办事"了，也会逐渐降低商事主体对网上审批的那些顾忌和不信任。

（二）确保网上审批信息顺畅安全

"互联网+"背景下佛山市登记系统流程再造需要加强网上审批技术支撑，这就要求加快数据归集应用、加快移动办事终端建设、加强系统建设。要着重破除部门间的信息不兼容、不共享形成的"信息孤岛"现象，切实打通各大信息系统之间的互联互通水平，提升网上数据使用和审批的协调性，确保网上审批顺畅快捷。此外，政府还得通过技术手段加强网上行政审批系统的信息安全，比如在电子政务外网和互联网的入口处设置防火墙，通过安装入侵检测系统和漏洞扫描系统，加强全网的实时监控能力。系统数据按照不同的安全级别分为内部数据中心和外部数据中心。系统的重要数据放置在内部数据中心，在内部数据中心出口处增加防火墙，通过层层防御，确保相关重要审批数据的安全；还可以安装服务器杀毒软件，设置密码策略，对所有保存到数据库的关键数据进行加密，确保信息数据的安全。

（三）提升登记系统的稳定性和便利性

网上行政审批服务的实质是通过"互联网+"、大数据等手段为公众提供某些服务或产品，服务对象是公众，所以优化网上行政审批流程就要以公众

的需求为服务起点。本书一直强调登记流程再造，必须得知道公众有哪些需求，然后以公众需求为导向，改进和再造各项业务流程，提高政府办事效率，为公众提供更好更快的服务，最终可以达到建设服务型政府这一重要目标。通过课题组的访谈和问卷调查得知商事主体对登记系统的稳定性和便利性需求强烈，因此这部分我们提出：第一，增强系统的稳定性。"系统总是崩溃"是绝大部分商事主体在被问及对申报登记系统的感觉的第一反应，统计中得知只有45%的商事主体认为系统使用稳定，不易崩溃，但仍有55%的商事主体认为操作的时候系统不稳定。无论系统有多便利、多美观、多智能，都是建立在系统稳定的基础上的，能够把系统稳定下来，商事主体还是更愿意从系统进行自主申报而不是跑去现场申报。第二，增加线上办理的简易模板。在我们对各办事大厅的现场调研中，发现在各个行政服务中心的商事登记服务点，都能找到一张名为"填表处"的桌子，但是线上办理业务时，商事主体都反应没有可以使用的模板，有些表格不会填，又迫使他们跑去现场办理业务了，因此，建议往后在申报系统中增加简易的可行有效的操作表单。第三，完善系统的业务功能。相比于线下办理，通过24小时智能商事登记系统来办理业务，有些相关的业务办理不了，比如公司的注销、更名等，往后佛山要更好地依托"互联网+"来对商事登记业务流程再造，那么系统的服务功能要更齐全。第四，商事登记一体机的更新维护。通过调研我们得知各区行政服务中心摆放的商事登记一体机出现部分功能缺失、卡顿、摄像头损坏等不利于市民使用的现象，部分行政服务中心的商事登记一体机更是摆放在了办事大厅的角落或者是不显眼的地方，也没有专门的指示牌，也有市民反馈商事登记一体机不会用，办事大厅也没有安排工作人员在一旁指引；往后应该保持定期的保养或是系统更新，也可以适当增加一些志愿服务人员加以引导、指引和帮助。第五，统一佛山市各区登记系统流程。由于各区的标准或是政策不一样，各区的办理要求也有所不同，其中仅有禅城区支持线上注册业务，其余各区均不支持，统一佛山市各区登记系统流程刻不容缓。第六，增加对非网络群体尤其是上了一定年纪的群体的帮助。智能系统应当增加方便非网络群体或上了一定年龄民众的服务平台或是增设一些人性化的设计，便于非网络群体或上了年纪的办事主体更方便更清晰地使用系统。

（四）提升商事主体办事体验的满意度

商事主体办事的体验度是直接检验商事制度改革成败的重要指标。为了提升商事主体的体验满意度，首先，要从减事项减材料开始，按办事主题对事项进行分类，编制办事主题目录，把全过程需要的材料全部梳理清楚，只把必要的材料留下，其他一概删除或不要求提供，加强政府办事的主动性、精准性。只能部门系统打通，申请材料在某个部门提交过的，启用系统共享功能，避免出现申请材料重复提交现象。例如，商事主体在办理多个事项时，相关系统会将所要提交的材料自动整合去重，生成最终需要提交的总材料清单，能有效避免材料的重复提交。第二，增强商事主体办事可预期性，通过在办事大厅设立电脑演示设备，让商事主体提前知晓整个登记流程，降低错误导致重复办理的麻烦；也可以通过建立业务交流群，群内由专业咨询人员实时帮助企业解决审批问题，商事主体不仅可以在群内咨询相关问题，还可通过群内其他成员的交流避免出现一些未考虑到的问题；当然也可以在行政服务中心另辟窗口提供免费代办和咨询服务。以上这些措施都能在一定程度上增强商事主体办事可预期性，降低焦躁心情，提升商事主体登记体验的满意度。第三，提升服务登记人员的服务水平。无论是线下的登记人员业务水平还是网上回答相关问题的服务人员的水平素质，都是直接影响商事主体满意度体验的重要因素。因此，一方面政府应积极引进数据人才，建立一批高、精、尖的人才队伍，确保网上登记审批有充足的技术人才队伍做保障；另一方面需要定期对登记服务相关人员进行系统培训，让服务人员熟练掌握法律法规适用对象、审查要点、登记审批整个运作流程，并通过具体实例与理论相结合，提高理论知识基础；对服务人员开展全程电子化登记等相关系统模拟操作培训，使工作人员更直观、更形象地熟悉系统的操作过程，提高其实际操作能力；提升网络解答和现场解答服务人员的解答水平，保证工作人员业务精通、操作熟练，打造耐心的有专业服务精神的人才。第四，增强商事主体的获得感与幸福感，重视和积极回应商事主体的意见和建议，深入推进

改革，拓宽商事主体参与渠道，提高商事主体的满意度。

（五）实现全程全天候电子化赋能

要实现全程电子化过程，首先得确保登记业务所涉及的部门之间的数据共享和系统兼容；而后需要逐渐与国家级和省级信息平台对接，消除跨层级的信息壁垒；还有一点特别重要的是平台的建设要始终坚持以商事主体需求为出发点，操作界面力求简单易学，站在商事主体的角度为其提供检索、下载、数据浏览、跟踪查询、信息公开、审批进度查询、满意度反馈等功能，促使商事主体乐意使用网上平台。全天候电子化赋能，是互联网的特长，但在政务登记审批上，还需要进一步提升其可操作性，应将商事登记事项搬到网上平台，也要做到"网上申请、网上办理、网上反馈、网上服务"，同时为商事主体与政府审批人员一起赋能，发挥信息传播和处理高效的双重功能。

（六）内部协作流程再造

内部登记审批流程有效运转的一个重要前提就是权力的集中与下放，这也是内部流程再造必须科学配置处理的基础。由于商事登记主体对便捷度和速度有很高要求，这就必然要求将原来分散于各个层级的审批权进行整合归并，改变原来行政权限的级别归属，把审批权力加以集中，也有部分权力需要灵活下放到相关的审批部门，从而改变内部协作流程，实现审批速度"秒批"。当然，为了避免流程再造过程中权力的滥用，需要建立岗位责任制，需要把责任落实到个人，以此让岗位人员尽职尽责，不随便对待，不随便应付，并对可能违反规定的行为具体化，为责任追究打下制度基础。为了监督违规行为并作出快速的纠偏，可以通过充分运用网络和电子信息技术工具，加强对行政审批权运行情况的实时监控，还可以结合多个监督投诉渠道和方式，让商事主体、第三方评估机构参与到流程的监督中来，确保流程再造的顺利开展和施行。

（七）提升智能化监管水平

随着"互联网+"在商事登记业务中的运用，商事登记办理速度会越来越快捷，必须提交的资料也会越来越少，市场主体登记以后的各种经营风险和行为就得加强。为了加强并动态获取商事主体经营风险信息，可以通过在管信息平台和信息系统的整合和数据的共享共通，把工商登记中涉及的住建、通信、公安、金融等部门的平台和系统自动化、智能化地进行形式审查，从而低成本地、有效地、及时地发现或者查处伪造资料、虚假材料登记等违法行为。也可以与商事企业所在的商业综合体、专业市场、产业园区、孵化器等地的管理部门结合起来，共同提升监管水平。为了监管商事主体后期的经营行为依照法律法规要求行事，政府部门牵头研发，以探索人工智能搜索、部门信息互通为基础，实现监管的网络化。

要实现监管网络化，就必然要求不同层级、不同部门的信息加以共享，并且要求对数据加以统计和分析，这可以通过市场监管大数据平台，以市场监管部门、行政审批部门、各行业和许可的监管部门数据为基础，全面关联审计、社保缴纳、税务、水电使用等情况，

利用大数据等先进技术手段，加大信息化建设力度，以"技术强制力"克服政务数据碎片化、信息资源共享程度低等问题，以此形成数据中心，并可以对数据集中存储、集中管理和集中服务，深度挖掘用户数据与业务数据，构建市场主体全息式的监管，全面掌握企业状况，通过对网络大数据的分析对比，监察商事主体在经营过程中的各种事中、事后等不法行为，以此实现监管的精准性、及时性、针对性和持续性。

参考文献

[1] 吴建斌.现代日本商法研究 [M].北京：人民出版社，2003.

[2] 王启龙.欧盟职业教育质量同行评议模式及本土化应用 [M].上海：华东师范大学出版社，2017.

[3] 广东省工商行政管理局.广东省商事制度改革大事记 [M].北京：中国工商出版社，2018.

[4] 国家市场监督管理总局.商事制度改革大事记 [M].北京：中国工商出版社，2018.

[5] 国家市场监督管理总局.商事制度改革重要文件选编 [M].北京：中国工商出版社，2018.

[6] 郭碧坚，韩宇.同行评议制——方法，理论，功能，指标 [J].科学学研究，1994，03：63-73+2.

[7] 张国健.对企业环境成本若干问题的研究 [J].中国审计，2003，Z1(018)：46-47.

[8] 佚名.共同走过五十年——半月刊创刊五十周年专题报道 [J].工商行政管理，2003(Z1)：1.

[9] 冯果.现代化视野中的中国公司立法——中国《公司法》修订之思考 [J].法学杂志，2004，25(6)：20-23.

[10] 潘嘉玮.商法的现代化与商事登记制度 [J].华南师范大学学报（社会科学版）2005，05（05）：21-30.

[11] 任尔昕，马建兵.论我国企业立法的宏观思路——从商事立法的角度分析 [J].法学，2005(4)：91-98.

[12] 冯果，柴瑞娟. 我国商事登记制度的反思与重构——兼论我国的商事登记统一立法 [J]. 甘肃社会科学，2005(04)：55-60.

[13] 刘武，朱晓楠. 地方政府行政服务大厅顾客满意度指数模型的实证研究 [J]. 中国行政管理，2006(12)：4.

[14] 柴瑞娟. 商事登记制度基础问题再探讨 [J]. 法治研究，2007(4)：22-27.

[15] 顾平安. 面向公共服务的电子政务流程再造 [J]. 中国行政管理，2008(09)：83-86.

[16] 冯永堂. 在公民社会状态下商事登记的价值取向 [J]. 法制与社会，2011，000(032)：289-290.

[17] 蒋舸，吴一兴. 德国公司形式的最新变革及其启示 [J]. 法商研究，2011，028(001)：143-150.

[18] 陈林，朱卫平. 行政垄断的内涵与外延——关于学术界三大理论分歧的评述 [J]. 经济学动态，2012（07）：35-42.

[19] 施天涛. 构建我国商事登记制度的基本思路 [J]. 中国工商管理研究，2013(08)：35-40.

[20] 黄爱学. 我国商事登记制度的改革、创新与发展——评深圳和珠海商事登记立法 [J]. 法治研究，2013（11）：79-87.

[21] 冯秀成. 深圳探路商事制度改革 [J]. 决策，2013(06)：60-61.

[22] 马敬仁. 还企业以自由——《深圳经济特区商事登记若干规定》的启示 [J]. 中国经济报告，2013(06)：95-98.

[23] 潘晓峰. 关于工商登记制度改革的几点思考 [J]. 中国工商管理研究，2013，06(6)：18.

[24] 孙佳颖，程即正，程宝库. 国（境）外商事登记立法模式比较及其对我国的借鉴意义 [J]. 中国工商管理研究，2013(7)：69-74.

[25] 施天涛. 构建我国商事登记制度的基本思路 [J]. 中国工商管理研究，2013(08)：35-40.

[26] 陈海疆. 厦门商事登记制度改革的实践与思考 [J]. 中国行政管理，

2014，000(009)：31-33，92.

[27] 胡伟，柳美玲.服务型政府、公众满意度与民意调查——基于中国32个城市公共服务民调的研究 [J].江苏行政学院学报，2014(01)：105-111.

[28] 周晓平，尚平.广东省工商登记制度改革探索与实践 [J].工商行政管理，2014，05(5)：59-59.

[29] 钟瑞栋，刘奇英.商事登记制度改革背景下的行政管理体制创新 [J].管理世界，2014(06)：176-177.

[30] 李安渝，张昭.企业信息公示与信用体系建设 [J].中国市场监管研究，2014(10)：24-26.

[31] 深圳市企业注册局.商事主体电子营业执照研究 [J].中国工商管理研究，2015(04)：51-53.

[32] 章政，张丽丽.商事制度改革与企业信用体系建设 [J].中国市场监管研究，2015(05)：20-25.

[33] 许瑞生.深化商事制度改革加强事中事后监管 [J].行政管理改革，2015(06)：34-37.

[34] 张茅.深化商事制度改革加强事中事后监管 [J].中国市场监管研究，2015(11)：3-14.

[35] 陈红，赵晶晶，冯四风，郭丽芳.电子营业执照及其在工商全程电子化登记管理中的应用 [J].电子政务，2015(12)：65-73.

[36] 王建文.论我国《民法典》立法背景下商事行为的立法定位 [J].南京大学学报（哲学.人文科学），2016，53(01)：52-60.

[37] 凌锋.深化商事制度改革 增创市场化环境新优势 [J].中国工商管理研究，2016(3)：25-28.

[38] 王海杰，宋姗姗.河南商事制度改革的调查与思考 [J].宏观经济管理，2016(12)：69-71.

[39] 王鹏.国外商事登记制度改革的基本经验探讨 [J].法制与社会，2016(35)：39-40.

[40] 董彪，李仁玉.我国法治化国际化营商环境建设研究——基于《营商

环境报告》的分析 [J]. 商业经济研究，2016(13)：141–143.

[41] 高学栋，李坤轩. 推进"互联网＋政务服务"对策研究——基于山东省部分政府部门"放管服"改革第三方评估 [J]. 华东经济管理，2016，030(012)：178–184.

[42] 杨杨. 政府流程再造视角下的服务型政府建设——以政务服务方式转变为例 [J]. 中国商论，2016(08)：183–186.

[43] 刘锢，田翔. 全程电子化商事管理解决方案 [J]. 信息安全与技术，2016，7(001)：85–86.

[44] 曹朝阳，陆诗秦，袁驰. 工商登记全程电子化问题解析与实现路径的构想 [J]. 中国市场监管研究，2017(06)：63–68.

[45] 顾平安. "互联网＋政务服务"流程再造的路径 [J]. 中国行政管理，2017(09)：28–31.

[46] 江静. 制度，营商环境与服务业发展——来自世界银行《全球营商环境报告》的证据 [J]. 学海，2017(1)：176–183.

[47] 顾平安. "互联网＋政务服务"流程再造的路径 [J]. 中国行政管理，2017(09)：28–31.

[48] 陈晖. 商事制度改革成效与完善对策——以珠海横琴新区为例 [J]. 经济纵横，2017(02)：10–16

[49] 李德洗，张晓波. 商事制度改革效应研究 [J]. 中国市场监管研究，2017，11(301)：13–17.

[50] 王冬梅. 商事个人登记制度的完善路径研究 [J]. 河北法学，2017，35(03)：172–180.

[51] 金洪钧，刘秀丽. 推行住所申报制破解市场主体准入便利化瓶颈 [J]. 中国市场监管研究，2017(07)：26–30.

[52] 李晓琳. 持续深化商事制度改革 激发市场主体创新创业活力 [J]. 中国经贸导刊，2017(07)：40–42.

[53] 丁勇. 认缴制后公司法资本规则的革新 [J]. 法学研究，2018，040(002)：155–174.

[54] 董永忠.关于企业住所(经营场所)登记制度改革的思考[J].中国工商管理研究,2018(05):41-43.

[55] 陈军梅,童健华.从"网上登记"到"人工智能+机器人"——广州市全程电子化商事登记的探索与实践[J].中国工商管理研究,2018(05):33-36.

[56] 顾丽梅.政策不执行比没有政策更糟糕防范"僵尸政策"刻不容缓[J].人民论坛,2018(20):33-35.

[57] 娄成武,张国勇.基于市场主体主观感知的营商环境评估框架构建——兼评世界银行营商环境评估模式[J].当代经济管理,2018,040(006):60-68.

[58] 娄成武,张国勇.治理视阈下的营商环境:内在逻辑与构建思路[J].辽宁大学学报(哲学社会科学版),2018,046(002):59-65.

[59] 毕青苗,陈希路,徐现祥,李书娟.行政审批改革与企业进入[J].经济研究,2018,53(605):142-157.

[60] 贾纯玮.基于公众需求导向的网上行政审批流程优化研究——以杭州市商事登记"一网通"服务为例[J].中国市场监管研究,2019,321(07):70-75.

[61] 马亮,杨媛.公众参与如何影响公众满意度——面向中国地级市政府绩效评估的实证研究[J].行政论坛,2019,26(02):88-96.

[62] 白晶,冯丹娃,张睿.基于公众满意度的政府公共文化信息服务研究[J].情报科学,2019,037(009):17-21.

[63] 韩娜娜.中国省级政府网上政务服务能力的生成逻辑及模式——基于31省数据的模糊集定性比较分析[J].公共行政评论,2019,012(004):82-100.

[64] 霍哲珺,王锐,邵逸超等.基于大数据的政府质量工作企业满意度评价研究[J].管理观察,2019,736(29):91-92.

[65] 王延隆.杭州网上行政审批改革的思考与启示[J].政策瞭望,2020(3):48-50.

[66] 何艳玲.中国行政体制改革的价值显现[J].中国社会科学,2020(2):

25-45.

[67] 王俊豪 . 中国特色政府监管理论体系：需求分析、构建导向与整体框架 [J]. 管理世界，2021，37(2)：148-164.

[68] 郑国楠，刘诚 . 营商环境与资源配置效率 [J]. 财经问题研究，2021(2)：3-12.

[69] 广东省工商局外资处 . 商事登记立法中的效力问题探讨 [J]. 中国工商管理研究，2009（1）：62-64.

[70] 金盈 . 基于市场主体准入的政府流程再造研究 [D]. 上海：上海交通大学，2010.

[71] 魏丹 . 基于公众需求的政府信息公开研究——以京宁两地为例 [D]. 南京：南京农业大学，2011.

[72] 武晓颖 . 中德市场监管比较研究 [D]. 北京：首都经济贸易大学，2011.

[73] 钱伟宇 . 商事登记制度改革研究 [D]. 广州：华南理工大学，2012.

[74] 黄臻 . 回归与就位：我国商事登记的制度缺陷与现实进路 [D]. 北京：中国政法大学，2012.

[75] 王涛 . 完善我国商事登记制度的研究 [D]. 昆明：云南大学，2012.

[76] 李锦红 . 基于六西格玛管理法的政府流程优化研究 [D]. 上海：上海交通大学，2013.

[77] 李旭明 . 东莞市商事登记制度研究 [D]. 咸阳：西北农林科技大学，2013.

[78] 刘永良 . 论我国商事登记制度的完善 [D]. 广州：华南理工大学，2013.

[79] 杨娟娟 . 基于流程再造的网上行政服务优化研究 [D]. 武汉：华中科技大学，2013.

[80] 张萱 . 政府流程再造的理论与实践研究 [D]. 天津：天津大学，2013.

[81] 康文婷 . 论商事登记制度改革与商事主体监管制度的有效衔接 [D]. 上海：华东政法大学，2013.

[82] 杨娟娟 . 基于流程再造的网上行政服务优化研究 [D]. 武汉：华中科技大学，2013.

[83] 张慧. 广州市商事登记制度改革与对策研究 [D]. 长春：吉林大学，2014.

[84] 张艳. 深化广州市行政审批制度改革研究 [D]. 广州：华南理工大学，2014.

[85] 许晓芸. 基于公众满意度的网上行政审批绩效评估研究 [D]. 武汉：华中科技大学，2014.

[86] 曹浩波. 企业注册登记业务流程再造研究——以昌邑市工商局为例[D]. 青岛：青岛科技大学，2015.

[87] 包雅琳. 我国商事登记制度改革理论探索和立法完善 [D]. 兰州：兰州大学，2015.

[88] 林刚. 深圳商事登记制度研究 [D]. 武汉：华中师范大学，2015.

[89] 欧阳可立. 我国网上行政审批建设研究——以 Q 区为例 [D]. 南昌：南昌大学，2015.

[90] 曹浩波. 企业注册登记业务流程再造研究 [D]. 青岛：青岛科技大学，2015.

[91] 邓洁. 广州市商事登记制度改革问题研究 [D]. 广州：华南理工大学，2016.

[92] 李鸿兵. 郑州市商事登记制度改革研究 [D]. 郑州：郑州大学，2016.

[93] 徐玉益. 基于互联网＋思维创新浙江政务服务应用的研究 [D]. 南昌：江西财经大学，2016.

[94] 张文静. 扬州市商事登记制度改革研究 [D]. 扬州：扬州大学，2016.

[95] 李鸿兵. 郑州市商事登记制度改革研究 [D]. 郑州：郑州大学，2016.

[96] 李佳慧. 海口市美兰区社区网格化管理研究 [D]. 海口：海南大学，2017.

[97] 甄丛丹. 大数据环境下行政审批制度改革问题研究[D]. 郑州: 郑州大学，2017.

[98] 张志杰. 商事登记制度改革之路探析——以南京市江宁区为例 [D]. 南京：南京航空航天大学，2017.

[99] 张静."互联网+"背景下我国税收信息化建设的思考 [D]. 杭州：浙江财经大学，2017.

[100] 刘珊伶. 广州市商事登记制度改革成效、问题及对策分析 [D]. 成都：西南交通大学，2017.

[101] 唐慧. 商事登记制度改革研究 [D]. 长春：吉林大学，2017.

[102] 陈莹莹. 中国商事登记制度改革现状及发展趋势探析 [D]. 长春：吉林大学，2017.

[103] 李芝. 仙桃市商事登记行政审批流程优化研究 [D]. 武汉：华中师范大学，2018.

[104] 张丽平."最多跑一次"背景下商事登记流程再造路径研究 [D]. 杭州：浙江财经大学，2018.

[105] 樊晓洁. 商事登记制度改革问题研究 [D]. 青岛：山东科技大学，2018.

[106] 徐莹. 政府职能转变视角下的商事制度改革 [D]. 北京：首都经济贸易大学，2018.

[107] 赖卓燕."互联网+"背景下广东省企业注册登记的政务服务创新研究 [D]. 广州：华南理工大学，2019.

[108] 赫文贵. 大连市西岗区商事登记改革问题研究 [D]. 大连：大连理工大学，2019.

[109] 温玉硕."互联网+"背景下 S 市企业登记业务流程再造研究 [D]. 石家庄：河北科技大学，2019.

[110] 陈星. 基于河北省网上行政审批系统的政府业务流程再造研究 [D]. 石家庄：石家庄铁道大学，2019.

[111] 孙晗. 大连市商事登记制度改革研究 [D]. 大连：辽宁师范大学，2020.

[112] 东莞市工商局. 东莞商事登记制度改革的回望与启示 [N]. 东莞日报，2013/6/24.

[113] 东莞市工商局. 全国第一个全面推行商事登记改革的地级市——东

莞商事登记制度改革：开创全国可复制的商事登记改革模式 [N]. 南方日报数字报，2014-7-30.

[114] 韩韫超 . "发文就算落实" 的实质是懒政 . 工人日报 [N].2016-12-29(003).

[115] 刘方 . 商事制度改革以来的创业主体发展态势 . 经济日报 [N].2018-01-18(015).

[116] 林杨，王东 . 深化商事登记改革提升企业开办便利度 [N]. 牡丹江日报，2019.

[117] 刘诚 . 优化数字经济监管以公平秩序推进技术创新 [J]. 光明日报 [N].2020-12-22(002).

[118] 东莞市委改革办、暨南大学 . 东莞市商事制度改革检查评估报告 [R].2016.6.

[119] 中共东莞市委、东莞市人政府 . 深化商事制度改革 增创营商环境新优势 [R].2018.4.

[120] 李克强主持召开国务院常务会议部署推进公司注册资本登记制度改革降低创业成本激发社会投资活力 [EB/OL].http：//www.gov.cn/idhd/2013-10/27/content_2516227.htm，(2013-10-27).

[121] 佛山市场监督管理官网 .http：//fsamr.foshan.gov.cn/

[122]Leslie P.Willcocks，Wendy Currie，and Sylvie Jackson.*In Pursuit of the Reengineering Agenda in Public Administration*[M].Public Administration，vol.75，1997：617-649.

[123]Nicholas Stern.*A Strategy for development*[M]，Washington，D.C. The world bank，2002.

[124]Janet V. Denhardt，Robert B. Denhardt.*The New Public Service：Serving, Not Steering*[M]. M.E.Sharpe，2011.

[125]Owen E.Hughes.*Public Management and Administration*[M].Palgrave Mac Millan. 2012.

[126]Stigler，G.J..The Theory of Economic Regulation[J].*Bell Journal of*

Economics and Management Science，1971，2(1)：3–21.

[127]Stigler G J..The Theory of Economic Regulation[J].*Bell Journal of Economics*，1971，2(1)：3–21.

[128]Mauro P.Corruption and Growth[J].*Trends in Organized Crime*，1997，2(4)：67–67.

[129]Djankov，S.，R.La Porta，F.Lopez–deSilanes，and A.Shleifer. The Regulation of Entry[J].*The Quarterly Journal of Economics*，2002，117(1)：25–59.

[130]Davidsson P，Lindmark L，Olofsson C . New Firm Formation and Regional Development in Sweden[J].*Regional Studies*，2006，28(4)：395–410.

[131]Boschma R A，Fritsch M . Creative Class and Regional Growth：Empirical Evidence from Seven European Countries[J].*Economic geography*，2009，85(4)：391–423.

[132]Chari，Anusha，Alfaro，et al. Deregulation，Misallocation，and Size：Evidence from India[J].*Journal of Law & Economics*，2014,57(4)：897–936.

[133]Lee Branstetter, Francisco Lima , Lowell J. Taylor and Ana Venâncio[J].*Economic Journal*, 2014, 124（577）：805–832.

附　录

佛山市商事登记用户体验及满意度调查表

尊敬的女士 / 先生：

您好！本问卷旨在了解公众对佛山市商事登记的体验度及满意度，以此来分析用户需求。您的宝贵意见对本研究非常重要，请根据您个人的实际经验填写即可。本问卷匿名填写，资料仅供研究使用，非常感谢您的支持！

商事登记课题组

2020 年 10 月

1. 您的性别？

A. 男　　　　　　　　B. 女

2. 您的年龄？

A.18 ～ 24 岁　B.25 ～ 31 岁　C.32 ～ 40 岁　D.41 ～ 55 岁　E.56 岁以上

3. 您受教育程度是什么？

A. 高中以下　B. 高中　C. 大专　D. 本科　E. 硕士　F. 博士及以上

4. 您熟悉当前佛山的商事登记服务流程。

A. 非常熟悉　B. 比较熟悉　C. 一般　D. 不太熟悉　E. 非常不熟悉

5. 您对于佛山企业登记流程的整体满意度如何？

A. 非常满意　B. 比较满意　C. 一般　D. 不太满意　E. 非常不满意

6. 您企业的注册地是？

A. 禅城　　　　B. 南海　　　　C. 顺德　　　　D. 高明　　　　E. 三水

7. 咨询商事登记问题时，工作人员服务态度好、解答及时、答复满意。

A. 非常满意　　B. 比较满意　　C. 一般　　D. 不太满意　　E. 非常不满意

8. 商事登记的办理手续便利。

A. 非常便利　　B. 比较便利　　C. 一般　　D. 不太便利　　E. 非常不便利

9. 设立登记预约方式多样、方便快捷。

A. 非常满意　　B. 比较满意　　C. 一般　　D. 不太满意　　E. 非常不满意

10. 预约环节，您选择哪种方式？

A. 网络预约　　　　　B. 电话预约　　　　　C. 微信预约

D. 到实体大厅窗口预约　　　　　E. 到实体大厅终端预约

11. 商事登记条件门槛低，住所要求门槛低。

A. 非常满意　　B. 比较满意　　C. 一般　　D. 不太满意　　E. 非常不满意

12. 登记环节，您采用了哪种方式？

A. 在网上完成办理　　　　　B. 到实体大厅窗口办理

C. 到实体大厅机器终端办理　　　　　D. 线上线下混合

13. 我认为导致商事登记业务办理流程效率低下的最主要原因是？

A. 人多、窗少、登记项繁杂

B. 流程设计不够简便和完善

C. 办证人员激励不足，责任心不够

D. 部门岗位职责分工不清，相互推诿

E. 线上办事流程不清晰

F. 线上操作过程不顺畅

G. 其他原因

14. 您有使用过"24 小时智能商事登记系统"办理相关业务吗？（如果填没有，后面的题就不用填了）

A. 有　　　　　　　　B. 没有（问卷结束，谢谢）

15. 您觉得"24 小时智能商事登记系统"界面清晰美观、设计合理、易于使用。

A. 非常满意　　B. 比较满意　　C. 一般　　D. 不太满意　　E. 非常不满意

16. 您觉得"24 小时智能商事登记系统"使用时很稳定，没有出现过网页打不开，网页突然崩溃等问题。

A. 非常满意　B. 比较满意　C. 一般　D. 不太满意　E. 非常不满意

17. 您觉得"24 小时智能商事登记系统"给您带来了哪些便利？（多选题选答）

A. 跑政府部门的次数少了

B. 审批事项减少了

C. 所需提供资料减少了

D. 审批效率提高了

E. 其他 ＿＿＿＿＿＿＿＿＿＿＿（请具体列明）

18. 您觉得系统需要在以下哪几个方面改进？（多选题）

A. 办事指南

B. 操作流程

C. 审批效率

D. 咨询回复

E. 申请端口（电脑端、手机 app 端）　F. 信息安全

G. 系统设计（尤其是身份识别、实名认证环节）

H. 其他 ＿＿＿＿＿＿＿（具体列明）